お金のポケットが増える

スゴイ！稼ぎ方

AWESOME
HOW TO EARN MONEY

山﨑拓巳
TAKUMI YAMAZAKI

かんき出版

はじめに
「お金を稼ぐこと」は自由へのパスポート

●「稼ぎ方」はこれから大きく変わる

気がつくと僕たち日本人の平均年収は、先進国のトップクラスの「半分以下」になっていました。

過去20年間、賃金上昇がなく、最低賃金で比較すると先進国のなかでも最低水準。日本人は「安い労働力」と見られるようになってしまったのです。

そんななかで、一番の問題は「そのことに気づいていない日本人が多い」ということです。

戦後、高度成長期、そしてバブルのときまでは、「労働者を育てる教育」がバッチリと機能していました。しかし、今、それらは過去の産物となりました。

僕たちは、自分自身を「再教育」する必要があります。

たとえば、複数の仕事を掛け持ちして稼ぐ、いわゆる「複業」の人が増えていますが、数年先には、それが当たり前になっているかもしれません。

お金の稼ぎ方について、自分を再教育した人、しなかった人のギャップは努力では埋めることができないほどの溝となることでしょう。

この**『スゴイ！　稼ぎ方』**は**「未来からの伝言《メッセージ》」**としてみなさんにお届けします。

難しいことが書かれている訳ではありません。

みなさんが知らず知らずのうちに「はめ込まれた枠」を、外す情報をお届けしたいのです。

たとえば、**働き方改革が叫ばれるようになって、いろんな「働き方」がある**んだって気づき始めている人も多いことと思います。

僕もパリに3年弱住んだことで、いろんなことに気づき始めました。

フランスは「資本主義」でもなく「共産主義」でもなく、「社会主義」です。

社会主義ってなんだ？

「銀行の長い列。時間になると目の前で扉が閉まる」とか、「週の労働時間は35時間までで1日10時間を超えたら雇い主は罰金。君がたくさん働くと他の人が失業するでしょ！」とか、「社員食堂にはワインがあり、2時間もあるランチ時に飲むことはオッケー。飲んじゃいけないではなく、酔っちゃいけないがルール」とか、「年間5週間もあるバカンス」とか……数え切れません。

あるとき、我が家で働いていた掃除のお姉さんが……、

「あっ！　言うの忘れてた。明日から1カ月、バカンスなの！　しばらく来れないわ！」

と言われ、ビックリ。

バカンスは富裕層のものではなく、みんなのものだったんです。

フランス万歳！　って思いました（笑）。


これも、働き方・稼ぎ方の1つの形でしょう。


一方で、『革命のファンファーレ』が爆発的にヒットしたキングコングの西野《にしの》亮廣《あきひろ》さんは、セミナーで「本業をマネタイズしない」と論じておられました。

「確かに！」と僕もそう思いました。

「手取り30万円の月収を1・5倍の45万円にする」って天文学的に難しいと思います。

社員として雇われている立場であれば、どんなに会社に貢献しても、そこまで急激な昇給は望めないですよね。

でも、**「30万円は据え置きで、それ以外の仕事で15万円を毎月稼ぐ。もしくは毎月5万円取れる仕事を3つアドオンする」**というのは現実的です。

リーマンショック後、**「セブンポケッツ」という言葉**がアメリカで使われるようになりました。

「7つのお財布（収入源）を持つ」という意味です。

本書では、このセブンポケッツを入口にして、情報や知恵、具体的な収益の上げ方、働き方をお伝えしていきたいと思います。

「山﨑拓巳の所得倍増計画」と呼べるものになるかも知れません。

実際、テクノロジーの進歩、働き方の変化などによって、「昔より自分らしく生きられる時代」が到来しています。

以前、誰かが諦めた夢を、テクノロジーの進歩によって、国民全員が叶えることだってできるのです。

複業をしながら、フランス人のように長期のバカンスをとれる時代が、すぐそこまで来ています。

人生を楽しみ、周りを笑顔にし、ワクワクが溢れ、毎日がキラキラ輝く！！！

そんな指南書としてぜひ、お手元に置いてください。

●「本当の自由」を手に入れよう

ものごとを成就していくには、コツがあります。

自分が信じているものと「少しだけ」違ったりすることに驚いたら、それを遠ざけずに何かの学びを得るようにしてください。

そのうえで、「自分の情熱に従い、自分の才能を最大限に引き出し行動する。そして結果に執着しない」ほうが、結果は出やすいのです。

理由は、本文にて詳しく説明していきます。


あなたは自分の毎日に飽きていませんか？ また、自分自身に飽きていませんか？

そんなとき、人は「変化」を望みます。

しかし、「変化」を望み始めると不安定になるので、同時に「安定」を求めます。

「変化」と「安定」は異なる価値観です。異なる価値観が共存しているのです。

それらの中庸にあるのが、**「成長」という価値観**です。

また、「特別な存在でありたい」という価値観と、「みんなとつながっていたい」という価値観も、同時に共存しています。

この2つの中庸は、**「誰かの役に立ちたい」という価値観、「貢献」**です。

もし、あなたが変化を望んでいなくても、今のままではいられないくらい、変化が激しい時代です。

だから、変化を望まない人であっても、少なからず葛藤を抱えています。それは、従来の価値観と新しい価値観という異なる2つの共存が生んでいるのです。

葛藤を打破するには、**「成長」と「貢献」がキーワード**になることでしょう。

素敵な人生を生きて、素晴らしい経験をしたいと誰もが望んでいます。

しかし、そのような未来は、過去の延長線上にはありません。

今までのあなたの思考（思いや考えること）を駆使すればするほど、過去の延長線上の未来しか体験できないのです。

この過去の呪縛から逃れる方法は、**インスピレーションやハプニング、シンクロニシティ（意味ある偶然）やトラブル、ヒラメキや不意の誘い……これらの「思考の外**

からの誘い」を味方につけること。

そんな取り組みによって、本当の意味での自由を手に入れることができたら、どうなると思いますか？

「人生の不安からの自由」

「お金からの自由」

「時間からの自由」

「閉ざされた人間関係からの自由」

……これらの自由度を増すことができたら？


では、それらを手に入れるための謎解きが始まります。

深呼吸をして、リラックスしたあなたでページをめくっていってください。

２０１８年5月

山﨑　拓巳

※本書では、お金のポケット（お財布＝収入源）をたくさん持つ「複業」をおススメします。ただ、文脈に応じて、その「複業」と、本業以外の仕事で稼ぐ「副業」とを区別して使っています。

目次

お金のポケットが増える スゴイ！ 稼ぎ方

第1章 お金のポケットが増えるメリットとは

第2章 「稼げる人」の発想法

第3章

お金のポケットをどうやって大きくするか？

第4章 僕の「スゴイ！ 稼ぎ方」修業原体験

第5章

本業のポケットも大きくする

第6章 そもそも「稼げる人」って、どんな人？

編集協力●西沢 泰生
カバーデザイン●井上 新八
本文デザイン●二ノ宮 匡（ニクスインク）
本文イラスト●坂木 浩子（ぽるか）
DTP●野中 賢（システムタンク）

第1章

お金のポケットが増えるメリットとは

この章のテーマは、「お金のポケットが増えるメリット」です。

お金のポケットが増えるとは、本業以外のお財布（収入源）をいくつか持つということ。

お金のポケットが増えると、収入面だけにとどまらない、たくさんのメリットがあります。

この章では、そのメリットについて整理してお伝えします。

1

お金のポケットが増えるメリット①

「お金のセブンポケッツ」を作ろう！

お金を稼ぐという視点でみると、僕たちをとりまく環境が、なかなか厳しい状況にあることに、気づかされます。

会社員として人生を捧げ、一所懸命に働いた挙句、リストラされたという話を聞くと、胸が痛くなります。

10年後、20年後の自分を安心し、楽観できる人などいない時代となったのです。

だから、今こそ、**新たなるポケット（お財布＝収入源）が必要**です。

「はじめに」でご紹介した「セブンポケッツ」とは7つのポケット、7つのお財布があることを指しています。

この言葉は米国でリーマンショックが起きた時期から、多くの人が口にするようになりました。

飛行機に複数のエンジンが付いていたならば、1つのエンジンが壊れても、他のエンジンで飛び、近くの空港に着陸することができます。

今こそ、「お金のセブンポケッツ」を作ろう！

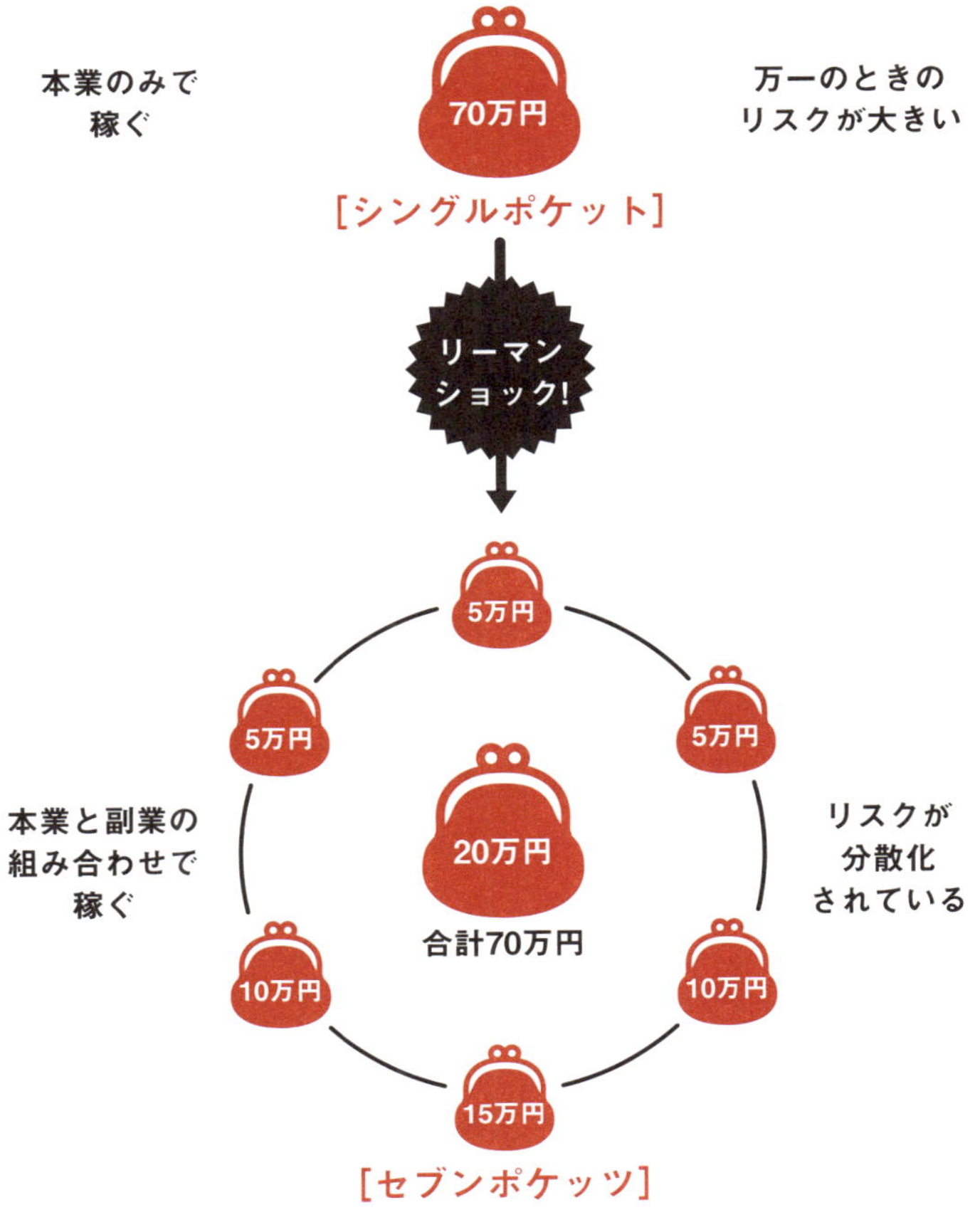

たとえば、取引先が1つしかない会社は、その会社との関係が生命線のすべてとなり、高いリスクを背負っています。価格交渉をする余地もない状態でしょう。

個人でいうならば、70万円という1つの収入源に価値を置く時代ではなく、**20万+15万+10万+10万+5万+5万+5万と分散する**ことで、安定感を感じます。

最近、多くの会社が副業を解禁し始めました。かつて「副業」と呼ばれたものも、「複業」と名前を変えつつあります。

副業が禁止の会社もあることでしょう。しかし、そこまであなたを拘束し、あなたの未来を本当に守ってくれるのでしょうか？

未来の自分に人生を生きる責任を丸投げするのはやめて、今こそ、準備に取りかかりましょう。学ぶことから、知ることから始めてください。

新しいポケット（お財布）を増やすタイミングは、未来ではなく、今です。

スゴイ！稼ぎ方 1

あなたの「人生の取引先」を複数に増やしましょう。

2

お金のポケットが増えるメリット②

フリーダムを手に入れる

〈本当の意味での自由を手に入れることができたら、どうなると思いますか？

「人生の不安からの自由」

「お金からの自由」

「時間からの自由」

「閉ざされた人間関係からの自由」〉

本書の「はじめに」のなかで、僕が書いた文章です。

お金のポケット（お財布）をたくさん持つこと＝**複業の最大のメリットは「自由＝フリーダム」を手に入れる**ことです！


「結婚する相手は財布を２つ以上持った人を選びなさいね」

と明治時代あたりまで言われていたという話もあります。

いわゆる生業《なりわい》が１つしかない男は、安定感に欠けると評価されたわけです。

仕事は1つでいいというのは、たぶん、ここ50~60年くらいの流れなのです。

高度成長期には、企業にとって「働き手」が大切で、新卒社員を「金のたまご」と呼んでいました。

いい人財を獲得するために、「終身雇用」や「年功序列」を約束したんです。

そして、「副業」も禁止し、社員を自分の会社に囲い込んだのです。

雇われている側も、「終身雇用」や「年功序列」が成立しているうちは、勤め先が1つでも何の問題もなかった。

会社の提供する幸せと、社員の求める幸せが合致していた時代です。

でも、もう時代が変わりました。

副業を持つことで、「会社の呪縛から抜けるとき」がきたのです。

スゴイ！稼ぎ方 2

副業で、会社の呪縛から解き放たれる。

3

お金のポケットが増えるメリット③

複眼を持てる

本業以外に**副業を持つと、複眼的に世の中を見ることができる**ようになります。

1つの仕事しか持っていない人というのは、言ってみれば1つの小窓から世界を覗いているようなものです。

新卒で就職して、その会社しか知らない人は、世間を立体的に見ることができない。これでは、世の中なんて見えるわけがありません。

そのギャップについて、副業を持たないまでも、異業種交流会によく参加している人なら、わかると思います。他の業種の人と話をすると、いかに自分が狭い枠の中の常識にとらわれていたのか痛感しますよね。

たとえば、あなたが「アフィリエイト」を始めたとします。

ブログなどにバナーを張って、その商品が売れたときに広告収入としてお金が入ってくる仕組みです。

たとえ少ない収益しか上がらなくても、あなたが実際にやってみることで、「アフィリエイト」の概念がわかる。

つまり、新しいモノの見方、発想のアイデアを1つ手に入れることができたわけです。

この「アフィリエイト」の概念を違う仕事に転用することもできます。「アフィリエイト」と近い概念の仕事をしている人と話をするとき、相手の話を理解する助けになることもあります。

新しいモノの見方を手に入れ、得意ジャンルを複数にし、自分の価値を飛躍的に増やすことで、大きな成功を手に入れることができます。

あるビジネスパーソンの事例を紹介しましょう。

彼はもともと営業のプロフェッショナル。20代にして年収1000万円を稼いでいました。ところが彼、その会社を突然辞めて、eラーニングの会社に転職したんです。平社員からの再スタートで、年収は大幅にダウン。

周りからは「馬鹿だな、あのまま続けていたら出世街道だったのに」って、さんざん言われました。

ところが、彼はしばらくすると、今度はブラジルへ引っ越します。そして、eラーニングの事業を展開して、あっという間に億万長者になったんです。

これは、もともと持っていた、「営業の力」に、「eラーニングの知識」という2本目の得意ジャンルをプラスし、さらに、「ブラジル」という新しい活躍の場を加えてみたらとんでもないことになった、という実例ですね。

1＋1＋1は、算数の世界では3ですが、**現実の世界では、10にも100にもなる**ことがあります。

この、「得意ジャンルを複数持つ」ことのメリットは、第2章で詳しく説明します。

要は、副業をはじめるメリットの1つは、モノの見方が立体的になることです。

副業を持つということは、「自分の目の数を増やす」ようなものなのですね。

3
スゴイ！稼ぎ方

副業は、複眼思考につながる。

4

お金のポケットが増えるメリット④

時間活用術を学べる

副業を持つと、仕事を進めるときの「時間配分」について考えるようになります。

1つの身体で複数の仕事を進めるわけですから、1つの仕事だけをしている人より、**「時間を有効に、効率的に使うこと」を意識するようになる**のは、当然のことです。

お金のポケットを増やせば増やすだけ、複数のプロジェクトを同時に進められる体質になることができます。

毎日、同じ職場で同じ仕事を続けていた自分から、刺激的で毎日に飽きることがない人生に移行することとなります。

漫画の神様と呼ばれた手塚治虫さんは、全盛期には10本を超える連載漫画を同時に抱えていました。

たとえば、同時進行で手がけている3本の漫画原稿がデスクごとに置いてあって、手塚先生、ある漫画の原稿を描いていて、飽きたり疲れたり行き詰まったりすると、休むのではなく、違うデスクに移って、別の漫画の原稿を描いた、という逸話があります。

この感覚、誰もが体験したことがあるのではないでしょうか？

僕も、たとえば原稿書きをしていて、飽きたり疲れたりすると、「じゃあ、メールチェックでもするか」って、やることを変えます。また、メールチェックに飽きたら、今度は「次の仕事の資料でも読むか」って、別のことをやる。

仕事を変えることで、脳を切り替える。すかさずリフレッシュした状態で次の仕事に移行する。脳は好奇心のカタマリです。次々に替わる仕事に喜んでいるのです。

「時間があればできるのに」という言い訳をする人は、時間に支配されている人です。副業を始めることは、今までの発想自体が妄想だったんだと気づくチャンスです。**副業をやるための時間は、「ある？　ない？」ではなく、「作る」もの**です。

子どもの頃、僕は新聞のテレビ欄を使って、休みの日の計画を立てていました。

どうしても観たい番組を色塗りし、空いた時間に「やりたいこと」「やるべきこと」「やっておきたいこと」をねじ込んだんです。

「キャッチボール」「宿題」「風呂掃除」「植木の水やり」「絵を描く」「散髪に行く」「自転車のパンクを直す」……。

まるで、パズルにチャレンジしている気分でした。

どうしても「やるべきこと」をはめ込むことができず、泣く泣く観たいテレビ番組を断念することもありました（笑）。

そんな僕ですから、学生の頃から、1日のスケジュールは常にパンパンでした。

複数のアルバイトにクラブ活動、ご飯会にドライブに……。

それは、今も続いていて、僕のスケジュールには休みの日というものが存在しません。

海外に行くときも、ついつい別の仕事を抱えていってしまいます。

だから、それだけパンパンに詰まったスケジュールの中に、**「新しい仕事」を入れるときは、まさに「ねじ込む」**というイメージです。

新しい仕事は、「空いている時間に入れる」ものではなく、「詰まっている時間と時間の間を、力ずくでこじ開けてねじ込む」ものだと思えば、時間はいくらでもあります。

そうやって、時間を無理やり捻出して、やってみて、つまらなければ、すぐにやめればいいいんです。

このように、**複数のお金のポケットを持つことは、複数の仕事をこなす体質を身につけること**につながります。

この体質を持つことは、どんな仕事をするうえでも役立ちますから、一生使えるアドバンテージになります。

「時間がない」が口グセのあなたは、お金のポケットを増やすことで、ご自身の体質改善することを、ぜひ、おススメします。

4

スゴイ！稼ぎ方

副業は、仕事の同時進行のノウハウを培ってくれる。

5

お金のポケットが増えるメリット⑤

新しい仲間ができる

アメリカの作家、リチャード・バックが書いた**寓話的な小説『かもめのジョナサン』という本**があります。

かつて、日本でも大ベストセラーになりました。

内容をかいつまんでお話をすると、こんな感じです。

撒《ま》き餌《え》をしている漁師の船。そこには、集まってくる魚のおこぼれを狙って、たくさんのかもめがいます。

ところが1羽だけ、「オレは飛ぶことが好きだから」と言って、**その仲間に入らないジョナサンというかもめ**がいました。

みんな、「何やってんの？　漁船にいれば魚が獲り放題なのに」って、彼のことを馬鹿にする。ジョナサンはそんな仲間に愛想をつかして、その場を離れるんです。

そうして空を飛んでいると、ある日、自分と同じように「飛ぶことが好き」なかもめたちと出会う。

「あっ、なんだ、自分以外にも飛ぶのが好きな奴らがいるんだ」

で、そのかもめたちと飛び方を競ううちに、とうとう、ジョナサンは究極の飛び方をマスターするんです。

そうなって、ふと、「そう言えば、昔の仲間はどうしているんだろう?」と思って戻ってみたら、まだ、ず〜っと同じ漁船のまわりにとどまったままだった……。


僕が思うには、この物語で漁船のまわりにとどまったままのかもめたちは、「ここにいればずっと食べていける」って信じている。いわば、**終身雇用が約束されていた時代の会社員**です。

一方、ジョナサンは、「ここいるだけじゃ、楽しくないし、違うんじゃない?」って、別の世界を見にいく。僕に言わせれば、彼は、会社の仲間が持つ、**閉鎖された価値観の外に出ていくチャレンジャー**です。

そこで、ジョナサンは新しい仲間と出会って、より自分の興味を極め、技術を増すことで、簡単に魚を獲る術も手に入れます。

お金のポケットを増やすために、**新しいことを始めると、自然と新たな仲間ができる**んです。

新しく何かを始めてみてください。

そこには、同じ志を持っている人が集まるコミュニティが待っていますから、楽しみにしていてください。


ちなみに、かもめのジョナサンは、相変わらず漁船のまわりにいる昔の仲間の前で、自分が会得した「究極の飛び方」を披露します。

それによって何が起こったか？

ぜひ、原作を読んでみてください。

5
スゴイ！稼ぎ方

副業を始めた先には、新しい仲間がいる。

6

お金のポケットが増えるメリット⑥

経営者感覚が身につく

会社勤めをしながら、経営者感覚はどうやったら身につけることができるのでしょうか？

通常は不可能と思われがちですが、実は簡単な方法があります。

副業を始めるのです。**副業は、自分で、自分の時間を使ってお客さんから直接対価を得ようとします**から、自然と経営者的なコスト感覚が身につくのです。

たとえば、僕は東京の中目黒でカフェを出したことがあります。

飲食業を経験してしまうと、どのお店に行っても、常に計算を始めてしまうクセがつきます。

店内の座席数を数えて、「ランチで2回転、夜は1.5回転ならば……」という思考が止まりません。家賃と平均売上の関係性を比べ始め、「儲かってるかな？　赤字かな？」と考えるようになるのです。

中目黒のカフェは失敗に終わりましたが（苦笑）、得るものはたくさんありました。

高い授業料を払って、学ばせていただきました。

このように、副業を始めると、自分で採算を意識するようになるので、経営者感覚を身につけられるのです。

最近では、「経営者感覚を社員に持って欲しい」という願いから、副業を解禁している企業もでてきています。


この経営者感覚。

持っている人と持っていない人では、**企画1つを考えるときも雲泥の差**が出ます。

自分の実力を培うという意味でも、「経営者感覚を得られる」というのは、本業とは別のお金のポケットを持つことで得られる、素晴らしい恩恵の1つなのです。

6
スゴイ！稼ぎ方

副業を始めると、すべてのパフォーマンスが上がる。

7

お金のポケットが増えるメリット⑦

貴重な人材になれる

この章では、あなたにとっての副業をするメリットをあげてきました。

副業をすることで、お金以外にも、自分を変えるというたくさんのギフトがあるということ、わかっていただけたでしょうか。

ここで目線を、あなたを雇っている会社に移してみると、実は、あなたが副業をすることは、あなたを**雇う会社にとっても多くのメリットがある**のです。

前述のように、自社しか知らない社員と比べて、副業を経験した社員は、**「複眼思考を持っている」「会社の外に人脈がある」「経営者感覚がある」**など、**会社にとってスペックが高い社員**です。

つまり、あなたを雇う会社から見れば、あなたが副業をすることで、スペックの高い社員を雇うことができる。

僕が少し前に社長さんと対談をした、あるＩＴ関連企業では、社員に副業を奨励しているそうです。

そして、副業をやって実力を磨いた人は、社員としてというよりも、「ビジネスパートナー」として、「ちょっとこのプロジェクトに入ってよ」と、そんな扱いをしているのだとか。

ＩＴ業界では、実力をつけた優秀な人材は、会社に囲い込もうとしてもいずれ外に出ていってしまうもの。

だったら、はじめからビジネスパートナーとして、「副業でもなんでもどうぞ！」と自由にさせて、社員というよりパートナーとして大切にしたほうが、逆に「この会社、居心地がいいぞ」ってなって、会社に残ってもらえる……、そういう考えなのですね。

ちなみに、最近は**「副業を認めたほうが、離職率が下がる」**そうです。

副業を認めると、「この会社にずっといても大丈夫かな？」という不安がなくなるからなのでしょう。

また、**新卒採用のとき、「副業ＯＫ」を前面に出す会社が増えている**そうです。

理由は、「そのほうが優秀な子が取れるから」。

複数社から内定をもらえる子はだいたい決まっています。その学生に自分の会社を選んでもらうために、「うちは副業ＯＫ」というカードをジョーカーとして出す。

そうすると、優秀な子ほど、「将来は自分で起業を」なんて考えているので、**「えっ、副業ＯＫなんですか。じゃあ、ここにしようかな」**とモチベーションが上がるというわけですね。

副業は、あなたを雇う会社から見て、あなたをより価値の高い存在にしてくれるのです。

7
スゴイ！稼ぎ方

副業は、会社から見たあなたのスペックを上げてくれる。

8

お金のポケットが増えるメリット⑧

やり損はない

先ほど、中目黒にカフェを出して失敗をしたと告白しました。

なにしろ、なかなか売上があがらないし、「オーナーは飲食をわかっていない」とアルバイトの子から指摘をされたり……。

僕はもう、正直、飲食業だけは絶対にやらないって心に誓ったんです。

そんな僕に、ある日、「拓巳さん、ニューヨークでラーメン屋をやりませんか？」って声がかかりました。


「やらないと思うけど、どんなラーメン屋？」

「中身は何も決まってないんですけど、店の名前だけは決まっています」

「なんて名前？」

「タクメンです」

店名を聞いた途端、「あっ、やってもいいかな」って（笑）。

中目黒での失敗があるので、「タクメン」では、そのときの学びを活かすことにしました。

タクメンでは、メニューから従業員教育まで、すべてを信用できる現場の責任者に任せています（この「誰と組むか？」は、成功するために重要な要素なのですが、詳しくは第3章でお話しします）。

また、出資者を複数にしました。これが**「経験によって勉強になったことを次に活かす」**ということになりました。

定期的に開催しているこの店のオーナー会議への参加も、すごく勉強になっています。

それぞれに自分の仕事を持っている人たちが、オーナーとしてお金を出し合っているので、会議では、個性ある異業種の尊敬し合う面々が議論するんですね。

たとえば、タクメンでは、従業員がお客さんからチップをもらいません。

チップで食べている人が多いアメリカでは、これはめずらしいことです。

それについて、オーナーの1人が、「お客さんにとっては2割引きで食べているようなものなのに、支払いのときまではそれがわからない。だったらいっそチップをとってもいいのでは？」と発言。

すると、現場から「多額のチップによって発生するホールとキッチンの格差をなくす試みとしてやっているので、このまま続けさせて欲しい」と意見が出る。

さらに、「この議論を深めるために、あえて相反する意見を言ってもいいですか？」と、別の人が続いていくのです。

そんな議論からも、たくさんの学びをもらえる。

とにかく、そういうオーナー会議に出るだけでも、無茶苦茶に勉強になる。

「タクメン、やってよかった～」って思える。

何が言いたいかというと、**「副業にやり損はない！」**ということです。

繰り返しになりますが、チャレンジすれば、必ず学びがあります。

「制限は創造の母」と呼ばれています。

資金がないからできないと諦めず、元手がかからない副業を選び、まず、始めてみてください。

8 スゴイ！稼ぎ方

副業は、やれば必ず勉強になる。

コラム

「副業が奨励される時代」はすぐそこに

２０１７年10月11日。

ソフトバンク社は、それまで禁止していた「社員の副業」について、解禁を宣言しました。「本業に影響のない範囲かつ社員のスキルアップや成長につながる副業」について、会社の許可を得ればＯＫとしたのです。

他にも、たとえばロート製薬は、早くも２０１６年２月24日に、「社外チャレンジワーク」とのネーミングで、副業を認める宣言をしています。

最近では、市販の雑誌にも、「月３万円儲かる副業」なんて特集記事を見かけます。

一般企業だけでなく地方自治体でも、職員に副業を許可する動きもあります。

どうして、こんな流れになっているのでしょう?

１つには、「企業側の体力が弱くなって、とくに、中高年の社員に高い給料を払えなくなった」という事情があるのでしょう。

会社にしてみれば、「給料が足りない分は、自分で稼いで」という思いがあるのです。社員が副業をする傾向はウエルカムなわけです。

社会の大きな流れでは、団塊世代ジュニアの問題があります。団塊世代ジュニアと呼ばれる層の人たちは、現在40代半ば。あと十数年後には、この人たちがゴッソリと企業を退職します。

これまで税金を払っていた人たちがいなくなり、いずれはもらう側に変わるのです。さらに、2025年には、本家の団塊世代の人たちが75歳以上となります。いわゆる後期高齢者となって、国の社会保障費が一気に増えるという試算がされています。

さらに、年金の財源不足も本格化すれば、国家財政は危機を迎えるでしょう。

もう1つ、世の中の大きな変化は、「IoT」が実現したことです。

「IoT」とは「Internet of Things」の略。「モノのインターネット」と訳されます。家電なんかが全部、インターネットとくっついた状態のことですね。

たとえば、家庭に「Google Home」が普及したら、こんな感じになります。

「OK Google。今日の気温は？」

「16度です。昼から雨が降るので傘をお持ちください」
「OK Google。今日やらなきゃいけないことを読み上げて」
「○○があります。●●があります。△△があります。▲▲があります」
「ちょっと待って、OK Google。◎◎さんに、これから話すことをメールして」

一般家庭ですら、こうなるのです。企業の仕事風景が様変わりするのは目に見えています。

これにＡＩも加わり、今まであった仕事が無くなり、働く場は大きく変わるでしょう。すごく有能な秘書がドッと入社してくるイメージ。型通りの「言われた仕事しかできない社員」は大ピンチ。

給料が高い中高年社員のクビを切る、絶好の理由ができます。

企業や国が働き手に「副業を奨励」する方向へ転換している背景、わかっていただけましたか？

「副業なんてしなくても、今の会社で定年まで……」

そんな悠長なことは言っていられないのです。

第１章　まとめ

- 「お金のポケットが増える」最大のメリットは、「フリーダム」を手に入れられること。
- 「お金のポケットが増える」と、視野が広がり、多くの視点でモノが見られるようになる。
- 「お金のポケットが増える」と、複数の仕事を同時に動かせるようになる。
- 「お金のポケットが増える」と、新しい仲間ができる。
- 「お金のポケットが増える」と、経営者感覚が磨かれる。
- 「お金のポケットが増える」と、あなたのスペックが上がり、今の会社の雇い主にとっても貴重な人材になる。
- 「お金のポケットが増える」と、必ず学びがある。

第2章

「稼げる人」の発想法

第２章のテーマは、「『稼げる人』の発想法」です。

稼ぎ方がうまくて、お金のポケットをたくさん持っている人は、いったい、どんな発想法をしているのでしょう？

僕が見る限り、そういう人たちは、いくつかの共通する考え方を持っている気がしています。

この章では、新しいお金のポケットを見つけて、増やしていくには、どんな考え方をして、何をすればよいのかについてお話しします。

9

「稼げる人」の発想法①

自分の「希少性」を高める

「1万時間の法則」という言葉を聞いたことがありますか？

最近では、元リクルート社のフェローで、民間人初の公立中学の校長を務められた教育改革実践家である藤原和博さんの講演で、たびたび紹介されています。

「あることに1万時間を投下すると、その道の達人になれる」という考え方。

達人とは、「おおよそ100人いるなかで、その道についてのトップスキルを持つ」と定義されます。

しかし、そのことで得られる対価（月収と考えてください）を倍にすると考えると、僕は天文学的な難易度を感じます。

では、**別の分野にさらなる1万時間を投下する**と、どうなるでしょう？

ちなみに1日8時間働くならば、1週間で8時間×5日間＝40時間

1カ月は40時間×4週なので＝160時間となります。

1年で約2000時間となるので、5年で1万時間となります。

たとえば、経理に1万時間投下した人が、農業に1万時間投下する。

その人は、農業と経理の両方で卓越した人という立ち位置になります。

100人のなかでトップであって、さらなる100人のトップ……。

100分の1×100分の1=1万分の1。


他にも、1万人中の1人という組み合わせを考えてみましょう。

美容の達人で、講演も達人……。

英語が達人で、寿司も達人……。

絵画の達人で、心理学も達人……。


では、**ここに別ジャンルでのさらなる1万時間を投下して**みる。

たとえば「ネットマーケティング」の分野に1万時間かけてみると……。

100分の1×100分の1×100分の1で、**100万人に1人の人材**になれます。こうなるともう、その人は「オンリーワン」の存在と呼べます。

1万時間かけて学んだ3つのジャンルが作る三角形。この三角形の面積部分を自分の「希少性の大きさ」と考えることができます（次ページの図参照）。

例にあげた3つのジャンルで言えば、「経理スキルと農業の知識と経験、それに加えられたネットマーケティングのノウハウ」という、他の人が簡単に真似できない才能を持つ人になれる、というわけです。


この、意図的にキャリアの大三角形の面積を広くするような得意分野を作り上げるのが、**藤原和博さんが提唱する「1万時間×3の法則」**になります。

あなたはどんな三角形を作りますか？

すでにあなたは1万時間を投下した世界を持っているかも知れません。

次の1万時間は何にしたらいいでしょうか？

不得意なことより、得意なこと、嫌いなことより、大好きなことが苦のない1万時間を与えてくれます。

たとえば、次の3つの質問で自分自身を振り返ってみてください。

①子どもの頃に熱中していたことは何か？
②お金を払ってでもやりたいことは何か？

藤原和博さんに学ぶ「100万人に１人の人材になる方法」

①
１歩目を踏み出す

$\frac{1}{100}$

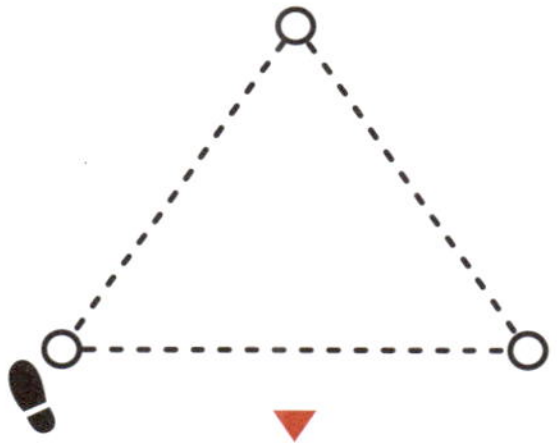

１万時間かけて
100人に１人の
人材になる

②
２歩目を踏み出して両足で軸を作る

$\frac{1}{100} \times \frac{1}{100} = \frac{1}{1万}$

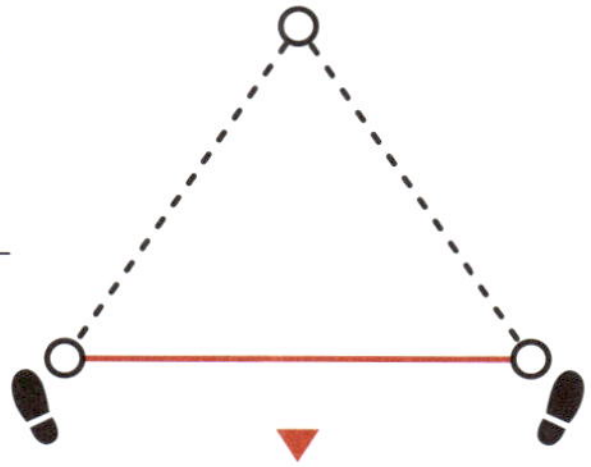

もう
１万時間かけて
１万人に１人の
人材になる

③
３歩目を踏み出すことで高さを作って面積を広げる

$\frac{1}{100} \times \frac{1}{100} \times \frac{1}{100} = \frac{1}{100万}$

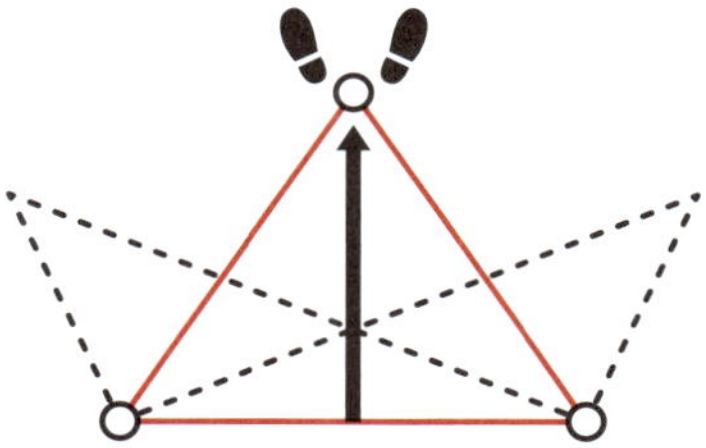

さらに
１万時間かけて
100万人に１人の
人材になる

オリンピックのメダリスト級！

三角形の面積＝その人材の希少性の大きさ

『45歳の教科書　戦略的「モードチェンジ」のすすめ』
（藤原和博著　ＰＨＰ研究所）の口絵をもとに作成

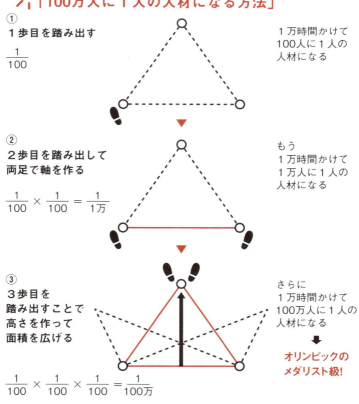

9
スゴイ！稼ぎ方

「稼げる人」は、自分の希少性を高めるために時間を使う。

③他人からよく褒められることは何か？

誰かから与えられた価値観で判断する前の、子どもの頃に熱中したことにヒントが隠れていたりします。

損得なしに没頭でき、**あなたのほうがお金を払ってでもやってあげたいこと**は、あなたの喜び以外の何ものでもありません。

他人から褒められ、「こんなことは誰でもできますよ」とあなたが見過ごしていることのなかに、他人がお金を払って頼みたくなることが含まれるケースがあります。

あなたにとっては簡単で好きだからこそ、「得意なこと」となかなか認識されてない特別な才能があるものなのです。

得意なことって、自分よりも周りの人のほうがわかっていることがあります。

「ねえ、私って何が得意だと思う？」って聞いてみるのもおススメです。

10

「稼げる人」の発想法②

楽しめることに時間を使う

稼げるからやる。評価が高いからやる。親から勧められたからやる。

自分の「やりたい」を無視したカタチで取り組んでいることは、案外、自分にも周りにも苦を呼んだりします。

一方で、**本当にやりたいことは、忘我の世界を与えてくれます**。

他の人からみると、「あそこまで努力するんだ」と驚かれるものですが、本人にとっては喜びなのです。

これは、お金を稼ぐ上で、重要な基本の1つだと思っています。

こんな言葉があります。

「努力家がすべて成功するわけではないが、成功者はすべてが努力家だ」

彼らは本当に努力家なのでしょうか?

僕は、努力したくてしかたない何かを見つけたのだと思います。

「本を出したいんです。どうやって書いたらいいのでしょうか?」

って聞かれることがあります。そういうときは、

「文章を書くのは好きですか?」

と確認します。文章を書くのが好きだから、本を書く人生が楽しいのです。


こんなことがありました。

陶芸家という響きに憧れた僕は、陶芸教室に通い始めます。

通い始めて2日目に気づいたのです。

「僕は手先が冷たくなるのが苦手だ」と。それ以降、もう二度と教室に行かなくなりました。

2日目に作ったウサギの置物が僕の遺作と決定した瞬間です。

今でもそのウサギは実家の玄関先に飾ってあります(笑)。


始めるのが苦手な人は、やめるのが苦手な人ではないかと思っています。

まず、やってみる! ダメだと思ったら、やめる!!

「やりだして、本当に続けられるかな?」と心配して、一向に始めない人に自分がな

らないように努力しています。

もしかしたら、あなたのなかにも、すごい才能が眠っているかもしれないのです。

でも、それは、**トライしなければ発見されることはありません**。


余談ですが、インドは今、ＩＴ業界で活躍する人たちが続出しています。

カーストというこれまでの身分制度で「なれる仕事」が制限されていた社会に、「ＩＴ」という、「身分の縛りがない新しい仕事」が出現したからなのではないでしょうか。

つまり、誰でも自由にトライできる仕事が出現して、やってみたら、「オレ、ＩＴの才能あるじゃん」となった人が出現したのではないかと思っています。


こんな実験結果があります。

３０００名ほどの人たちに「あなたは何回目の失敗でチャレンジを断念しましたか？」とアンケートを取りました。

結果は「0・8回」！ なんと1回以下という結果になったのです。


やってみようかな？

できるかな？

無理だよね？

諦めた！

失敗する前に断念する人が多いのです。

まず、始めてみましょう！！

1回失敗できたら、すでに平均を超えています！！！

2回失敗したならば、かなり上位になった。やってみて、稼げなかったとしても、それらの経験が次にトライする仕事に役立つかもしれません。

視野が広がったり、他の人にはない観点を持てたりするのです。

「稼げる人」は、「まず、やってみる」という精神を持っている人です。

10
スゴイ！稼ぎ方

まず、やってみて、楽しければ続ける。

11

「稼げる人」の発想法③
売り物になるコンテンツを見つける

つい最近までは、「癒しの時代」と呼ぶことができたと思います。

「今のままでいいんだよぉ〜」と言われると、心が満たされました。

しかし、時代が大きく変わりました。

これからは「磨きの時代」です。

かつて流行った「自分探し」ではなく、「自分磨き」の時代になったのです。

自分を磨き上げ、**強みをコンテンツ化**していく。

自分の経験や体験、知識やメソッドを伝えることが仕事になる時代なのです。

かなり特別な才能が求められるような気もしますが、案外、すでにあなたは持っているのかも知れません。

ニッチな世界にいる人のほうが、たくさんの人の心に届いたりするのです。

たとえば、「キッチンの片付け方」を教えることで、ビジネスとして成立させ、稼いでいる人がいます。

個人が自分のノウハウやスキルを、文字通りの「売り物」にして、お金にしているのです。

たとえば、「PTAにおけるママ友たちとのお付き合いの仕方」だって、ちゃんと仕事になると思います。ママ友たちとうまく付き合えなくて悩んでいるお母さんはたくさんいるからです。

仕事とは「誰かの悩みを解消するお手伝いをすること」なのです。

では、自分の強みをコンテンツ化していくには、どうしたらいいのでしょうか？

「この料理、なんでもっと薄い味にしないのだろうか」と思うのは料理の人です。

「この文章、もっとこうすれば……」と思うのは書く人です。

「今の、もっとこうやって言ってあげたらみんなが理解できるのに」は話す人。

「富山に行くなら、なぜ〝華やぎ〟にお寿司食べに行かないんだ」は旅する人です。

強みは「こだわり」と言いかえることができますよね

自分の強みと誰かの悩みをマッチングさせるためには、**自分自身の思考を支えている思考に着目して**ください。

たとえば、「私は接待ゴルフは嫌いだ」と悩んでいたとします。

そんなときは、「なぜ、私は接待ゴルフが好きになれないのか？」と「嫌いだ」という感情を支えている思考を思考してみましょう。

「1日の大部分の時間を奪われるのが困る。もっと他の方法で喜んでもらえないか？」という思考が出てきたなら、新しいアイデアが生まれるチャンスです。

ゴルフに代わって人と人とをつなぎ、短時間でいい結果が出る、その他のビジネスアイデアが見つかるかも。そこに自分の強みやこだわりを絡めてみましょう。

思考を支える思考を思考する。これこそ内観と呼べると思います。

自分自身の心のカラクリを知り、深めることでコンテンツの価値は高まります。

掃除をスピリチュアルと結びつけることで、大きな成功を手に入れた人もいます。神社巡りも、パワースポット巡りも、「それをやってみたい」と誰かに思わせるような価値が生まれるなら、大きなビジネスになるのです。

11

スゴイ！稼ぎ方

自分を磨き上げ、自分自身をコンテンツ化していく。

12

「稼げる人」の発想法④

人が困っていることに注目する

自分の持っているコンテンツを磨くときの1つの有効な切り口として、**「人が困っていること」に目をつける**、という方法があります！

仕事とは「誰かの悩みを解消するお手伝いをすること」と前の項でお伝えしました。

あなたの困っていることは、何でしょうか？

誰かが困っていることは、何でしょうか？

たとえば、小さいお子さんを持つお母さん向けであれば、お受験対策を教えたり、「育児1年目について教える『ママ1年生教室』」だって仕事になると思います。「パーティーを盛り上げます！」だって、「誕生日を盛り上げます！」、「クリスマスプレゼント選び！」だって困りごとの解決になるのです。

若い女性向けなら、初めてのデート術、彼氏とのカラオケの楽しみ方、女子力アップ術、ワインの楽しみ方、人間関係の断捨離術、通勤時間の使い方、SNS写真術……。

あなたが提供できる何かを見つけましょう！

悩みごと、困りごとの1つや2つ、誰でも抱えているはずです。

その昔、**「そこに水の流れがあれば、水車を回し、電力を作れる」**って言った人がいます。**水の流れを他人の困りごとと置き換えて**みてください。

カフェの経営者は、ランチタイムに人がいっぱいになることを求めています。

歯医者さんは3年前から来なくなった患者さんが、どうしたら戻ってきてくれるかなと思案しています。

本が読みたいけど、仕事が忙しい人は、本の要点だけでもいいから知りたいと思っています。

1人で夕食を食べないといけない人は、「誰かと食べられたらな〜」と思っています。

フットサルがやりたいけど、仲間が集まらないとか、コートが取れないと悩んでいる人がいます。

「話し相手がいればなあ」と思っている老人もいます。

「少しだけ子どもを預かってくれる人がいたらなあ」と悩んでいる主婦もいます。

「困っている人」のサポートを仕事にする。

お助けして、感謝してもらいながら、お金もいただけるのです。

相手も自分もハッピーのオールウィンです。

誰かの悩みを解決することで、あなたがあなたをコンテンツにすることができるのです。どんな人がどんなことに悩み、痛みを感じ、困っているかを知ることで、仕事を生み出すことができます。

「人が困っていること」を見つける効率的な方法は、まず、**「自分が困っていることは何か？」を考えてみる**こと。

自分に起こる困りごとは、必ず他の人にも起こります。

たとえば、「コンサートのチケットがなかなか取れない……。困ったなぁ」

あっ、「代理でチケット取ります」って仕事になる！

「人気のラーメン店で食べたいけど、何時間も並ぶのはたいへんだなぁ」

あっ、「あなたの代わりにラーメン屋の行列に並びます」って仕事になる！

「パソコンを買ったけど、セッティングができないよ～」

あっ、「パソコンのセッティングやります」って仕事になる！

こう考えれば、**自分をコンテンツ化する方法はいくらでも生まれてくる**のです。

「コンサートのチケット取り」「行列に並ぶ代行」「パソコンのセッティング」などという一見小さな仕事も、スタッフを使って大がかりにやり、大きな事業に変えることもできます。


「結婚式や披露宴で親戚役をするというバイト」もあります。

新婦のプロフィールを事前に記憶して、本当の親戚のように、新郎の招待者と話を合わせたり、時には、お祝いのスピーチをしたりするそうです。

これも、「相手の招待客に比べて、自分の招待客は見劣りする。どうしたらいいのだろう……」という困りごとのお助けビジネスとして成立しています。

世の中をただの風景として眺めるのではなく、目を凝らしてみてください。

仕事のネタは、いくらでも見つかるはずです。

12
スゴイ！稼ぎ方
人が「困っていること」を見つける。

13

「稼げる人」の発想法⑤

プロフィールを書いてみる

初めて本を出版したのは30代になったばかりの頃でした。

出版社からプロフィールを出してくださいと言われ、愕然《がくぜん》としました。

何を書いたらいいのか？

書くことが見当たらず、ほとほと困りました。

まず、あなたのプロフィールを書いてみてください。

プロフィールを書くという行為が、自分をコンテンツ化するときに一役買ってくれるのです。

なかにはスラスラ書ける人もいます。書けない人は、書けなかったという衝撃体験をすることで、これからの人生、周りの見え方が変わり始めるでしょう。

「両親は真珠の養殖業を営み……」って、どうなんだろう？

「100メートルのベスト記録は10秒9」って読者さんには関係ないなぁ。
「400メートルハードルをやっていた……」って、マニアックすぎるかも。
「広島大学教育学部中退」……以上って感じでした。

書けなかったという衝撃体験は、ブランディングの大切さを教えてくれました。

僕のことを知らない人に、どんな人だと思って欲しいのか？

そもそも、自分は社会的に誰なのか？　今の自分に至るまでの物語は何なのか？

ぐるぐる、ぐるぐる、そんなことを考え始めました。

逆に、「私は女優です」「私はアーティストです」と**名乗った瞬間から、それがその人のアイデンティティー**になります。名乗ったところから、そのモノに成り始めるのです。

歌手の矢沢永吉さんは、地方のコンサートでスタッフの手違いにより、スウィートルームではなく、ツインルームが用意されたとき、こう語った、という伝説があります。

「俺はイイけど、YAZAWAはどうかな?」

自分個人とアーティストYAZAWAという存在の切り分けが成立していると、考えられます。

「夕陽評論家」という肩書きの人もいます。

「お仕事、何されているんですか?」

「夕陽評論家です」

かなりのインパクトがある肩書きです。

絶大なる興味をそそられます。

「日本紙相撲協会理事」と名乗っている人もいました。

ちなみに、僕の肩書きである「夢実現プロデューサー」は、ブランディング会社にお願いして、付けたものです。

「将来はどうなりたいですか?」とか**「どんな得意技がありますか?」**とか、いろいろとヒアリングされて、いくつかアイデアを出してもらったんです。

その候補のなかから、選んだのが「夢実現プロデューサー」です。

たくさんの人の夢を叶えるお手伝いをする、それを応援する、サポートするっていう意味合いです。

「あなたのプロフィール、1万円で書きます」というビジネスも世の中にはあります。「強み」「面白み」「長所」「特徴」等、その人はいったい誰なのか？　を第三者的に把握することが仕事となっています。

それほど、プロフィール作りは重要であり、価値があるものなのです。

13

スゴイ！稼ぎ方

「私は誰なのか？」を常に考えていくことで、自分を確立できる。

14

「稼げる人」の発想法⑥

成功からも失敗からも学ぶ

学校ではカンニングはダメだと教えられる。

しかし、社会に出ると、うまくいっている人から学びなさいと言われる。

その人のうまくいっている理由を見つけて、要はカンニングしろと教えられます。

うまくいっている人には必ず、うまくいっている理由があります。

それを学び抜くチカラが求められます。

「学ぶ」の原語は「真似ぶ」です。

真似ることによって学ぶのです。


たくさん稼いでいる人は、たくさん世の中の役に立っています。

どう動き、何が機能し、誰を喜ばせているのか?

また、それらのことをどんな仕組みに落とし込んで動かしているかを考察することも大切です。

コンテンツの素晴らしさだけではなく、なぜ、効果的にその仕組みが動いているか、という成功の裏側にある「人」の存在にも興味を持って欲しいです。

違う人が、同じことを、同じようにやったら、違う結果が出るのです。

仕組みだけでなく人という要素にも興味を持つと、仕事の深みが見えてきます。

かつて億万長者だった親戚の叔父さんに、「人の失敗した後を歩いてみろ」と教えられました。**失敗した人は「アイデアを行動に移した人だ」**と話は続きます。

「世の中の普通の人たちは、失敗した人を指さして笑っている。

しかし、その人は行動に移すべく魅力的な何かをそこに見たからトライしたのだ。

失敗した人の後を歩くと、その人がなぜそれをやろうとしたのか見つけられることがある。

失敗例を『本来、凄い成功を遂げる予定だった』と仮定し、検証する方法がある。

『それがチャンス』だ」

と教えられました。叔父の話を聞いて、お金を稼ぐということが非常に哲学的で、美しく感じました。

「ここを丁寧にやっていたら成功していた」

「時代に対して少し早すぎた」

「ライバルの存在に対する配慮が甘すぎた」

など、たくさんの学びがあるのです。

「自分だったらそうはしなかった」

「ここは踏みとどまるべきだった」

と**失敗を反面教師にして、新たなる作戦を入手する**こともできるのです。

あるコンサルタントの言葉に「世の中は自分のためにお金を出して実験してくれている。だからそれを分析しろ」というのがあります。

成功事例以外からも、学ぶことはたくさんあるのです。


他人の事例に学ぶ一方で、**自分自身に降ってくるアイデアを軽く見てはいけません。**

すぐさまメモを取り、録音するのもいい方法です。

その瞬間のヒラメキを、今という時の隙間に封じ込めるのです。

後で確認すると色褪せて感じるかもしれませんが、消すことなく積み重ねておくといいでしょう。**それらのカケラが、いつかキラキラと輝き始める**ことがあるのです。

今の時代、アイデアも方法もネットや書物の中にいくらでも書いてあります。

SNSで知りたいとつぶやけば、たくさんの人が教えてくれる時代でもあります。

「HOW TO はグーグル先生に聞いてください。今日はそれ以外をお伝えします」

という言葉をアチコチで聞きます。

ただ、「これだ！」と思ったことを、行動に移すことができるのか？

損益分岐点は数字上のものではなく、あなたが行動に移せるか否かの上に引かれている時代かもしれません。

まず、大前提の「心の初期設定」を開いてみてください。

「うまくいっている人から学ぶ！　真似る！」「失敗例からも学ぶ！」そして、「自分のヒラメキを大切にする」に「レ点」が入っているか確認してください。

14

スゴイ！

稼ぎ方

学ぶことを怠るな。真似ることを怖がるな。今日も研究。明日も研究。

15

「稼げる人」の発想法⑦
絶対に損をしないという発想を持つ

いくつかの事業を走らせ、トータルで黒字だったらいいという考え方の人もいます。

「10個のうち、1つが成功すればいい」

「9個失敗しても、次の1つで大成功すれば逆転できる」

という考え方です。

僕はどこかでこの考え方を否定しています。

すべてを黒字にしたい。

少額の利益だとしても、すべてを黒字にしたいと考えるクセがあるのです。

子どもの頃、両親が親しい人に騙されて、一文無しになった経験がそうさせているのかと思うときもあります（詳しくは、第4章でお話しします）。

僕は常に、**「赤字」が怖い**んです。

だから、世の中の経営者はネガティブな人が成功しているのでは、と思っているんです。

「もしもそうなったらどうしよう?」

「あれもダメになったらどうしよう?」

と恐怖心が働き、「もしも対策」を考えます。

もしも対策を万全にすると、気分は反転し、ポジティブに動き出す。

自分の力で何とかなることは何とかして、何ともならないことには身を委ねるのが本来のポジティブシンキングだと思うのです。

プロジェクトを運営していく上で「損益分岐点」と呼ばれる、**「ここを超えると黒字ですよ、ここを下回ると赤字ですよ」という売上のラインを知る**ことは大切なことです。

たとえば、イベントを運営するとしましょう。

①お客さんが200名来ないと赤字になってしまう

②○月○日までに100名のオーダーが来てなかったら問題だ

③だから、それを第1ステップにして、進めていこう

そんな具合で、スケジュールと計画とリマインド、チェッキングを大切にやっていって欲しいと思います。

さらに言うと、**お金を産んでいくキャッシュポイントと、信用を獲得していくトラストポイントの違い**をハッキリさせることも重要です。

お金を産む前に、なにより信用を獲得することが大切です。

信用という畑で育て、収穫できるのがお金です。

信用はトーナメント戦的に、がっついて培うものではないのです。

下心なく、その人と向き合い、お付き合いが始まるからこそ、人間関係はうまくいきます。

なので、わざと下心を持たない姿勢を大切にしています。

下心がないほうがうまくいくってことで、持たずに人と接する……。

これを**「下心がないのが下心」**と呼んでいます（笑）。

本来は、誠意を誠意のまま持てるほうが好ましいのですが、偽善から生まれる善もあるのです。

スポーツの世界でよく使われる言葉ですが、自分のピークパフォーマンスを超えるプレーができる状態を「フロー」とか「ゾーン」と呼びます。

どうすればフローに入れるのか？　ゾーンの再現性はあるのか？　とさまざまな研究がされているのです。

人間は**「数値目標」を目指している限りは、「フロー」とか「ゾーン」と呼ばれる状態に入るのはむずかしい**、と聞いたことがあります。

売上目標とか、「今月、２００万円を達成する」という数値目標では意欲がしぼんでしまうと。

では、数値目標でないなら、何を目標にしたらいいのか？

「テーマ目標」がゾーンに入りやすいらしいです。

テーマ目標とは「こうあろう」というあり方の目標です。

「毎日、発見がある自分！」「昨日の自分を超える！」「目の前のお客さんを笑顔に！」というテーマを軸に行動する。

「その人に好かれる前に、自分がその人を好きになる」「その人が少し驚くコミュニケーション」といったテーマ目標を決めると、何かが変わる。

その変化が必ず「数値目標」に影響を与え、それをも達成できるという考え方です。

では、テーマ目標はどのようにして設定するのでしょうか。

まず、どうすれば目標が達成できるのか、何をやればいいのかという「ＴＯ ＤＯ＝タスク」を書き出し、リスト化する。

次に、それらをどんな自分でやっていけばいいのかという「ＴＯ ＢＥ＝あり方」を確認する。

ここで大事なのは、「自分は何のために働くのか？」「何のために稼ぐのか？」「上がった利益は何に使っていくのか？」といった**「なぜ、この仕事をやるのか？」**という理由を明らかにすること。

さらに突っ込んで、**「誰を喜ばせたいのか？」「その収益は、誰を笑顔に変えていくのか？」**まで考えると、頑張る軸が安定します。

15
スゴイ！稼ぎ方

「利益」と「信頼」は、成功のための車の両輪。

16

「稼げる人」の発想法⑧

アンチの声に耳を傾けない

新たに収入源を増やすということが、世の中を見る観点を広げるということはすでにお伝えしました。ものごとに対する理解の幅が広がり、奥行きも以前より深く認識できる自分が未来に待っています。

要は、世の中の仕組みが、以前よりもわかるようになっていくわけです。

そうすると、誰かを助ける方法もお金を稼ぐ方法もわかるようになります。

逆に、**仕組みがわからない間は、仕組みの中の歯車として使われる**しか方法がないということになります。

これは、目に見える世界がブツ切りで、つながっていない状態を指しています。

たとえば、ほとんどの人が、社内の隣の部署が何をやっているか知らなかったり、自分の旦那が何の仕事をやっているのか知らなかったりするわけです。

「旦那様はどんなお仕事をされているんですか？」

と聞くと……、

「石油関係です」

「そうなんですね。具体的にはどんなことをされているんですか？」

「それは……あまりよく知らないんです」

という会話になるケースが多いのです。

セブンポケッツは7つのお財布（収入源）を持ちましょうというお話ですが、突きつめると、「世の中を知りましょう！」「どんな仕組みで世の中が動いているか把握しましょう！」という話でもあるのです。

ところで、あなたの把握できる世界が広がると、それにあわせて、知り合いも増えていきます。お金のポケットが増えれば増えるほど、「あなたを応援したい」というフォロワーもどんどん増えていきます。

それと同じように、「あなたを良く思っていません」という**アンチだったり、アゲンストだったりする人も増えてくる**のです。

人は「グッドニュース」よりも「バッドニュース」を信じがちです。

あなたがうまくいけばいくほど、**応援の声よりも罵声のほうが耳に大きく届く傾向がある**、ということを覚えておいてください。

あなたに対して発せられたマイナスの意見は無視するもよし、ですが、謙虚に苦言と捉え参考にして、前に進む燃料として取り込むのも1つの方法です。

「あのときのアドバイス、ありがとうございました」

というのが一番の復讐と考える、心の余裕を持ちましょう。

繰り返しになりますが、あなたの認識できる世界が広がると、あなたに対するフォロワーもアンチも増えてきます。あなたの認識できる世界が広がり、相手から見るとそれだけ目立つ存在になっているのです。

大好きランキングにも、大嫌いランキングにも上位に入っている芸能人がいますが、それが1つの良い例だと思います。

だから、**アンチな意見と出会ったら、あなたにはその何倍ものフォロワーがいる**ことを忘れないでください。

「いつでも言ってください。応援します」

「あなたについていきます」

と言ってくれている人たちを。

アゲンストな人はもともとクレーマー体質なんです。親族からも「少しややこしい人、面倒な人」と捉えられている人だったりします。

たとえば、ＰＴＡでもそのネガティブなパワーを発揮しているかもしれません。クレーマーは常にアンチテーゼを発することで自分のポジションを作る人です。

だから、彼らが発するバッドニュースに飲み込まれないでください。

あなたがお金のポケットを増やし、社会に出ていく姿に、**フォロワーのみなさんは共感してくれている**のです。

クレーマーに怯えるあなたに憧れているのではありません。

アンチに耳を傾けることで、発する光を奪われ、フォロワーすら離れていってしまう可能性があります。


「何か今までと違うことをコソコソやっているらしいよ」

「最近、付き合い悪いよね」

「お金に目がくらんだんじゃない？」

「そんなことしてたら友だちなくすよ」

というようかにも気になりそうな囁《ささや》きに飲み込まれてはいけません。

こうしたネガティブな反応は、集団意識におけるホメオスタシスとも考えられます。

ホメオスタシスとは、恒常性のこと。

読んで字のごとく、「恒に常の状態でありたい性質」とは、昨日と同じ今日が、今日と同じ明日がやってきて欲しいということです。

つまり、集団意識的に、あなたに変化して欲しくないのです。あなたに抜け出して欲しくないのです。

クレーマーの出現は「ああ、**自分の世界が広くなった証だ。これは有名税**なんだ」と捉え、アンチな意見にも感謝して、影ではなく光に目を向けていきましょう。

16

スゴイ！稼ぎ方

収入源が増えると、世の中が見えてくる。

17

「稼げる人」の発想法⑨

自分をダマして自信をつける

僕は学生時代、陸上競技に打ち込んでいました。

今でも恩師たちとの交流は楽しく続いています。

恩師同士が集まったある飲み会では、お互いの素晴らしさを褒め合っているシーンがありました。

「○○先生の凄いところはたくさんあるけど、一番は**暗示にかけるのがうまい**ことだ」

「あの人にかかると、学生たちはみんな暗示にかかって先生も**びっくりするようなタイム**を出してくる」

「試合前の耳元でコソコソって囁く言葉で、**魔法みたいに学生たちを変えてきた**」

試合中にロッカールームで選手を鼓舞するトークのことを「PEP TALK」と

いいます。

「なぜ、君たちではないんだ？　なぜ、今じゃないんだ？」

と選手の心を熱くさせ、気持ちを上げる魔法の言葉が飛び交います。

「スケートリンクをあなた色で染めてきなさい」

「この打席でお前の存在感を世界に知らせてやれ」

「苦しいときは相手もそれ以上に苦しいときだ」


この暗示というのが、コーチと選手の間ではとても有効なんです。

僕の中学時代の恩師は県下でも有名な先生でした。

彼女が教えると、次々と選手が県大会で上位に入賞し、全国大会にどんどん出場することで知られていました。

卒業後、その種明かしをしてもらいました。

「簡単よ。練習でわざと、スタートしたタイミングよりも少し遅れてストップウオッチを押すのよ」

と言うのです。

そうすると、その選手の**本来の実力より速いタイムが出る**わけです。それにより僕たちは「自分は凄い」と勘違いし、好成績をどんどん出していったわけです。

次に、高校時代の恩師のエピソードです。

「山﨑！　今日は〇〇大学が挨拶に来たぞ」

と試合前に言うのです。

「えっ？　そんな有名大学が僕に興味を持ってくれているんだ」

と気持ちが上がり、予想以上の記録を出す結果に至りました。

学生時代、お世話になった僕のメンター的な先生がもう1人いました。

当時も、その先生はまだ現役で走っていました。

「拓巳は強い。怖いわ。一緒に走りたくない」

と常に言ってくれ、走る知識だけではなく、僕のやる気と、自分ならできるという自信をずっと支えてくださいました。

あの頃、培ったアレコレが今も人生を確実に支えてくれています。

僕も今はビジネスリーダーの1人ですが、指導者の立場で言うと**「褒めないと人は**

伸びない」という原則がこれに当たります。

メンバーの特性を見抜き、その人の心の襞にしびれるひと言を伝えるのです。

指導者は「勘違いをさせるプロ」であるべきです。

学生の間はこうやって優秀な恩師やコーチに支えられて頑張ることができますが、社会に出るとこれを自分でやる必要が出てきます。

世に言う「自己暗示」が大切になってくるのです。

「自分にはできるんだ」と勘違いさせることで、自分をより素晴らしい結果に導くことが求められます。

これを「大いなる勘違い」と僕は呼んでいます。

17

スゴイ!稼ぎ方

才能は暗示によって、大きく開花する。

18

「稼げる人」の発想法⑩

今すぐに始める

「働き方改革」という言葉を最近、よく耳にします。少子高齢化で、労働者の数が足りていないのです。深刻な労働力不足をどう解消するのか。政府としては、

・働き手を増やす
・出生率の上昇
・労働生産性の向上

の3つの方策により、解決をしようとしています。

この「働き手を増やす」という観点で「女性・高齢者の就労促進」と「副業・兼業の推進」が叫ばれています。これまで働いていなかった人が社会参加し、また、1人が2役3役を務めることで深刻な労働力不足を解消したいわけです。

中高年の人たちにとっては第二の人生の幕開けでもあり、生きがいと直結していく

名案でもあります。

その一方、長時間労働を改善するため、労働時間の上限規制が始まろうとしています。これにより、**各人の「自由に使える時間」が増える**のは喜ばしいことです。

大企業は、終業時間になるとビルの電気を落とすことさえ始めました。ブラック企業と烙印を押されることでの株価への悪影響を恐れているのかもしれません。

今後は、公務員の兼業・副業の解禁も始まるだろうと言われています。

ただし、この話をしてくれた友だちは「政府の副業推進の活動を僕みたいな副業ができない公務員がやっているんです（笑）」と語ってくれました。

いろんな人がこの流れに乗って「セブンポケッツ」を持つようになったらいいな、と僕は思っています。

出生率が低い理由のなかには、所得が低いから未来が見えないというものも含まれています。

しかし、副業を始めれば、異業種の人と交わることで所得が上がり、個人のパフォーマンスもアップして、労働生産性が上がると理解していただけたと思います。

なにしろ**楽しい人生に変わり始める**ということを知って欲しいのです。

大まかに言って、現在10歳の人たちの寿命は１０７歳、20歳の人たちは１００歳以

18

スゴイ！稼ぎ方

人生はさらに長くなる。楽しむために今から動く。

上、40歳でも90歳台後半まで伸びると聞きました。そうなれば、長い間、「社会参加する＝働く」ことになります。

「副業はいつから始めたらいいでしょう？」と悩んでいる人には、こう即答したい。

「今からです」

というのも、**副業には「仕込み」の時間が必要**です。

今の収入に満足している人ほど、すぐにスタートしてください。

追い込まれてから始めるのではなくて、余裕があるうちに「トライ＆エラー」を始めてください。最初からうまくいくケースはまれでしょうが、すべてが「天国貯金」として貯められていくのです。

昨日の「ガッカリ」が今日の「ラッキー」につながります。チャレンジには利回りがついて、未来に繰り延べられていくのです。

あなたが一歩動くたびに、仲間と情報と経験が手元に残っていくでしょう。

コラム

残りの20年をどう生きる？

テクノロジーは進化し、AIやロボットが至るところに導入され、長距離運送やタクシーの無人運転も始まります。

LCC（格安航空会社）の出現で航空チケットは安くなり、Airbnb（民泊）などの新たな宿泊サービスも広がる一方です。

21世紀の最大産業は旅行業なのかも知れません。

3Dプリンターで住宅や一流シェフの料理まで、家庭でプリントアウトできそうです。

医療の進歩も著しく、手術のロボット化によってゴットハンドの術が地球の裏側でも受けられるようになっていることでしょう。

その反面、貧困問題も人口問題も進んでいき、教育格差、社会格差、宗教・民族対立、紛争・難民問題、気候変動、自然災害、環境汚染、食糧問題、感染症の恐怖などは、未解決のままでしょう。

新しいチャンスも課題も数えたらきりがありません。

どこにフォーカスするかで、世界は違う顔を見せているのです。

日本では急激な少子高齢化が進んでいますが、この後、ヨーロッパ、中国（1人っ子政策が原因）でも同じ問題が表面化してきます。

日本がどう対応するかに、他の国々も注目しているのではないでしょうか？

たとえば、「結婚してもやっていけるんだろうか？」という未来への不安は、単身者の数を増加させ、今までの常識が音を立てて崩れています。

特に女性にとって、今どきの結婚は大変です。とりわけ子どもが生まれると、人生が一変します。夫の給料がなかなか上がらない時代、共働きなら仕事と家庭の両立に追われますし、専業主婦でも、子どもの塾や習いごとの送り迎えで1日が終わってしまうでしょう。そして、子どもは手がかからなくなれば、今度はお金がかかります。

子育てが終わるあたりから親に関する問題が起き始めます。介護が必要になるが、施設の数は足りていません。昼はデイサービスに預けられたとしても、夜は対面介護となり、気がつくと老老介護という問題も起きるかもしれない。

介護にかかる労力と経費も、生活を貧困に追い込む原因となります。

若い頃に「お金がない」という現実は、見方によってはチャーミングですが、**歳を重ねた挙句の「お金がない」は切なさ**を感じます。

「ちょっと数万円、用立ててくれないか？」という年老いた親からの電話に、「また〜ッ?!」とイライラと対応した後に自分を責める……。

そんな未来をあなたは望んでいないはずです。

「平凡でいいんです」とボケた意見を言っている人を見かけると、心配でしかたがありません。

平凡に暮らすことがどれほどの準備と、努力と、勉強によって支えられているのか。

今、あなたが愛おしいと思えることを、10年後も愛おしく思えるならば、かなりの豊かさを感じます。

今、あなたが大切だと思っていることを、20年後も大切にできているならば、大きな幸せを手に入れていることでしょう。

今、あなたが笑顔で見守れることを、30年後も笑顔で見守っているならば、あなたの人生は素晴らしいものとなっています。

第2章　まとめ

- 「稼げる人」は、自分の「希少性」を高めるために時間を使う。
- 「稼げる人」は、自分が苦手なことを無理してやらない。
- 「稼げる人」は、自分自身をコンテンツ化していく。
- 「稼げる人」は、他人の困りごとに注目して、商売のネタを探す。
- 「稼げる人」は、自分のプロフィールを確立している。
- 「稼げる人」は、成功からも失敗からも学ぶ。
- 「稼げる人」は、常に黒字を目指す。
- 「稼げる人」は、成功すれば「アンチ」が生まれると知っている。
- 「稼げる人」は、今すぐ始める。

第3章

お金のポケットをどうやって大きくするか？

第３章のテーマは、「どうやってお金のポケットを大きくするか？」です。

「お金のポケット（お財布＝収入源）」を大きくする秘訣はなんでしょうか？

月２万〜３万円の稼ぎを、２〜３倍にする。もっと大きくして本業と変わらないぐらいの収入にする。

この章では、「お金のポケット」を大きくするための着眼点について、お話しします。

19

ポケットを大きくする着眼点①

「自分がどこにいるか？」を知る

経済学、経営学を学んだだけではビジネスの達人にはなれません。

なぜか？　**多くの場面で、現場は心理学で動いている**からです。

働き方にはいくつかのポジションがあり、どこに属するかによって組織の中での立ち位置が違ってきます。

また、立ち位置によって違った心理が動きます。働き方により常識が違うからです。

その常識の違いも把握することが大切です。

たとえば、働き方にはどんな「種類」があるのでしょうか？　それを知り、その後、自分の立ち位置を知りましょう。知ることで、世の中の見え方が変わってきます。

どうすればお金のポケットを大きくすることができるのかがわかるのです。

アメリカの投資家で、ベストセラー『金持ち父さん　貧乏父さん』の著者として知られるロバート・キヨサキ氏が別の著書『金持ち父さんのキャッシュフロー・クワドラント』の中で紹介した、**お金を手に入れるための働き方の4分類「E」「S」「B」「I」（クワドラント）**というものがあります（97ページ参照）。

ここから105ページまで、このクワドラントを参照しつつ、僕が独自に考える「働き方のポジショニング」について、お話ししていきます。

あなたが会社員なら、今、所属している会社を想像してみてください。

まず、会社から雇われている社員（従業員）の人たち、**「エンプロイー（Employee）」**（被雇用者。以下、「E」）がいます。

次に、このEの人たちを束ねる社長さん、**「セルフエンプロイド（Self-Employed）」**（自営業者や起業家。以下、「S」）がいます。

さらに、ビジネスの場を提供している、**「ビジネスオーナー（Business Owner）」**（以下、「B」）。

そして、お金を供給してくれる投資家、**「インベスター（Investor）」**（以下、「I」）がいます。

プロ野球の球団にたとえれば、「E」は選手、「S」は監督、「B」は球団オーナー、「I」は球団の親会社ですね。

さて、あなたは今、この図式のなかの、どの働き方をしていますか？

人口の95％は「E」「S」に属しますから、たぶん、**ほとんどの人は「E」**だと思います。

なかには、課長さんや部長さんもいるでしょう。小さな「e」を管理する「ビッグE」と考えることができます。「e」は仕事を覚える段階で、「E」がそれらを束ねています。その「E」を束ねる更に大きな「E」……その上に「S」が存在します。

この「S」から組織を省くと「フリーランス」と呼ばれる存在となります。

1人でやっている会計士、社労士、弁護士、ネーリスト等々。

ロバート・キヨサキ氏の考え方に沿うならば、ネールサロンに勤めている人は「E」であり、1人でやるとフリーランスなので「S」となるのです。

「E」「S」の特徴は「働いたらすぐにお金になり、働かないとすぐにお金は入らなくなること」です。

また、「自分より優れた人がいると困る＝競争社会」とも言うことができます。

「e」の人は早く仕事を覚えることが出世への近道です。そして、仕事を覚えたなら経験を積み、達人となる。

「数（量）」が決め手です。数多く経験することで「質」へと転換していきます。

お金を手に入れるための４つの方法

E 従業員 （Employee）	**B** ビジネスオーナー (Business Owner)
S 自営業者 (Self-Employed)	**I** 投資家 (Investor)

出所：『改訂版 金持ち父さんのキャッシュフロー・クワドラント』
（ロバート・キヨサキ著　白根美保子訳　筑摩書房）

質の高い技術を会得した人には「E」の仕事が与えられます。

「E」の役割は、これから仕事を覚える人たちのサポートであり、仕事を覚え、動き始めた人に対して、自分の経験をもとに更にスキルアップの手伝いをすることです。

「E」の立場では、過去にうまくいった経験より、失敗したり恥をかいた経験がモノをいいます。

たくさんの人に「自分でも初めはつまずいたんだ。だから、君も大丈夫」と伝えられるからです。


あなたが今、**この4つの働き方のポジション、「E」、「S」、「B」、「I」のうち、どこにいるのか**をまず知ってください。

次の項では「S」についてお伝えしたいと思います。

19 スゴイ!稼ぎ方

世の中には、4つの働き方がある。今の自分は、どのポジションにいるのかを知る。

20

ポケットを大きくする着眼点②

チルドレンを育てる

仕事を覚える段階の「e」から、ノウハウの引き継ぎであったり新人教育を行う「E」まで説明しました。更に「E」を束ねる「ビッグE」がいます。「ビッグE」は、指導者を指導する人という立ち位置です。

「e」から「E」。そして「ビッグE」とタテ展開でスキルアップしていきます。**それらの猛者を束ねるのが社長である「S」**です。野球でいうと個性豊かな選手を束ねる監督という立ち位置です。

選手と監督は働き方が根本的に違います。コーチの立ち位置は「S」寄りの「E」。コーチを「ビッグE」と考えても良さそうです。

選手会長は「E」の中のもっとも「S」寄りの「E」と考えられます。

「E」の世界が圧倒的にスキルを追求するタテ展開であるのに対し、**「S」は人間性の幅が必要なヨコ展開**が求められます。

「S」は、束ねる者を束ねる者たちを最終的に束ねる人ですから、**人間としての幅が狭いと、**クーデターが起きたり、統率が効かなくなって**組織がバラバラになってしまいます**。

人間としての幅を広げる方法は、まず「幅が決め手だ」と知ることです。

そして、幅のある人間をマークし、学び、真似ては、学び抜くのです。

世において、次期社長はだいたい社長の鞄持ちを数年経験して、現場で見て覚えるしか学ぶ方法はありません。

グングン引っ張る者、温厚な愛されキャラ、無口で周りが察して動くタイプ、饒舌で皆を感動させ動かす者……と「S」には流派がたくさんあるので、複数のメンターを研究し、自分のスタイルを確立することが求められるのです。

ただし、一度はスタイルを確立したとしても、年齢によりキャラ変更が求められることもあります。

また、組織の中で急成長してくる「E」もいるので、臨機応変な対応が求められます。若いライオンが群れの長にチャレンジしてくることもあるのです。

調子の浮き沈みも、流れのよし悪しもあるものの、**組織が出す結果の9割はリーダーの手腕次第**とも言われます。

適材適所で、各々の特性を活かし、人の向上心をクスグリ、ある時は嫉妬心を利用して組織の運営を考える。

ライバル関係、友好関係、上下関係と複数に絡み合う各人の意識の流れを読み取り、指揮棒を振る。落ち込んだ人間を救い拾い、とがり過ぎた人間の鼻を折り、あるときは「馬人参」を使ったり、おとり馬を走らせたり……。

さらに、**「S」には対外的な役割も存在**します。

ライバル的な組織との関係、友好関係にある組織との関係、新たなる刺激を与えてくれる組織との交友などを通じて、常に組織にイノベーションを起こし続ける必要があるのです。

人は思っている以上にマンネリの渦に簡単に飲み込まれる動物だから。

このように**「E」と「S」は「働き方」が大きく違う**のです。

20
スゴイ！稼ぎ方

「S」になるには、幅のある人間をマークし、学び、真似ては、学び抜く。

21

ポケットを大きくする着眼点③

お金を稼ぐ「自動販売機」を作る

97ページの「クワドラント」の図の左側に存在する「E」「S」と、右側に存在する「B」「I」は、その役割が大きく違います。

「B」「I」は人口比で全体の5％とも言われ、数の上ではマイノリティとなります。働くとすぐにお金が手に入る「E」「S」と違い、「B」「I」は働き始めたときはお金になりません。

「B」は働く仕組みを作る人であり、**「I」はその仕組みを動かすための資金を提供する役目**なのです。

「B」は仕組みの作り方という知恵をお金に変え、「I」はお金を働かせることでお金を産んでいきます。

「B」は仕組みのテンプレートを知っています。

もっともその業界に精通し、仕組みがうまく働くようにキャスティングを試みます。

なので、常に「良き人財」を探しています（人材ではなく人財です）。

自分より優れた人を嫌う「E」「S」と違い、「B」「I」は常に優れた人を探しているのです。

仕組みが整い円滑に回り始めると、あとは**自動販売機のごとくお金が入り続けます。世に言う「権利収入」**です。

後は定期的な組織のメンテナンスや調整により、維持発展させていくわけですが、さらなる人財教育により「S」を「B」に進化させるサポートも重要になります。

「B」や「I」になれば、「権利収入」を手に入れることにより「お金と時間」を手に入れます。

次なる仕組み作りができるので、結果として**大きな富を得るのは「B」と「I」**になります。

「S」と「B」の価値観がもっとも違うものとなりますし、「S」から「B」になるのがもっとも難易度が高いのです。

野球で言えば「B」は球団のオーナーであり、裏で糸を引いている立ち位置となります。役者で言えば「E」「S」はステージで活躍するキャスト。「B」「I」は観客から見えない立ち位置で働いています。

「B」はスポットライトを浴びるのではなく、「E」「S」にスポットライトを浴びさせるのが仕事なのです。

本田健さんが『ユダヤ人大富豪の教え』のなかで、**「E」「S」を不自由人、「B」「I」を自由人**と位置づけて、上手にまとめてくださっています（次ページ参照）。

では、「I」は社会的にはどんな役割なのでしょうか。投資家ですからお金を提供するのが仕事です。しかし、ただ投資して、配当を待っているだけではないのです。

日本一の個人投資家と言われ、僕もお世話になった竹田和平さんが、業績が悪化した投資先の会社経営者を励ましたエピソードを、ここでは紹介したいと思います。

株価が暴落し、謝罪のため玄関先にやって来た社長さんを迎える和平さん。時にはおデコを地面に擦り付けながら謝る方もおられたようです。

「面《おもて》を上げなさい。中に入りなさい」

と家の中に入れ、そこから穏やかに説き諭《さと》すそうです。

「あなたのやっている仕事、あなたの組織がどんなに素晴らしいかおわかりですか?」と、その会社が存在することで、世の中がどれだけよくなり、社会がどんなに明るくなるか、和平さんは改めて確認します。

「だから、私はあなたの会社に投資をした」という話を聞き、泣き崩れる社長さんも多数いらしたそうです。

和平さんのエピソードから、投資家はお金を提供するだけではなく、**人生観も含め、存在意義等、大いなるものを伝える人**なんだと僕は学びました。

21

スゴイ！稼ぎ方

本田健さんに学ぶ「自由人と不自由人の違い」

不自由人

- 会社員・公務員
- 大企業の社長・役員
- 自営業者
- 中小企業の経営者
- 自由業（医者・弁護士・会計士など）
- 普通のスポーツ選手、アーティスト
- 無職の人

自由人

- 流行《はや》っているレストランやお店のオーナー
- 印税の入る作家、画家、アーティスト
- 特許、ライセンスなどをもつ人
- マルチレベルマーケティングで成功した人
- マンションや土地から家賃収入を得る地主
- 有名なスポーツ選手、アーティスト
- 株、債券、貯金の配当を得る人

出所：『ユダヤ人大富豪の教え』（本田健著　大和書房）

常に、権利収入化していくことを忘れない。

22

ポケットを大きくする着眼点④

仕組みを作る人になる

「権利収入を得る」ということは、「人の才能を活かす〝場〟を作る」ことだと考えられます。

では、才能を活かす場を作る人たちの考えていることって、どんなことなのでしょうか?

たとえば、パズルを思い浮かべてください。

パズルの1つのピースをみると、凸と凹があります。

学校では凸を増やして、凸を大きくする教育がなされています。

凹は欠点で、ダメなところとして認識されていますが、本当にそうなんでしょうか?

凸はたしかにその人の才能ですが、凹は人の才能(凸)を活かすという才能になる可能性があります。

凹がたくさんある人は、考え方次第で、人の凸をたくさん活かすことができるのです。

この観点を持つようになると、人の見え方が変わってきます。**あの人とあの人を組ませるといいかも。この人ってこっちの部署のほうが向いているのでは。**

そんなアイデアが溢れてきます。

「2人の男がレンガを積んでいた」という話があります。

「君は何をやっているのか?」と尋ねると、1人は「レンガを積んでいる」と答え、1人は「教会を作っている」と答えた。

そして、この2人の人生はまるで違うものとなったという話です。

これは、ものを見る観点の違いについてのたとえ話だと思います。

俯瞰してものごとを見る力をつけることは、進むべき人生をも変えてくれます。

ゴールドラッシュのときに、多くの人が金《きん》に目がくらみ、金を掘り当てることに勤しみました。

そんな姿を見て「スコップを売ろう！」と思った人がいます。ゴールドラッシュに向かうたくさんの人たち、という大きな流れを利用して、スコップという「水車」を回したのです。

結果として、一番稼いだのはスコップを売った人でした。

人やお金の動きを俯瞰して見る力を養いましょう。

すると、どこにモーメンタム（流れ・勢い）があるかが見えます。

そこで「水車」を回しましょう。

すると権利収入が手に入ります。

権利収入を手にするとは、すなわち、「水車」が回り続ける仕組みを作ることなのです。

22
スゴイ！稼ぎ方

「水車」が回り続ける仕組みを作る。

23

ポケットを大きくする着眼点⑤

「合理化」の本当の意味

よりスムーズにすべてのことが動き、ストレスのない流れに乗って、初めて「自動販売機化」は成功したと言えます（102ページ以降参照）。

労働収入をできる限り合理化し、自動化していくことで、限りなく「権利収入化」することができるのです。

そのヒントになりそうな話を、友人のコンサルタントから聞きました。ネタ元は、経営コンサルタントの舩井幸雄先生が語ったエピソードです。

ある人がトイレに行った後に、舩井先生がトイレに入ったらしいのですが、戻ってきたときに舩井先生がこう言ったのです。

「君のトイレのあとはダメだ。君にとっては、スリッパをそろえずにトイレを出るのは、トイレを一刻も早く出るための合理化かもしれない。しかし、そうすると、次にトイレに入った人は、そろっていないスリッパを履くのに余計な時間がかかってしまう。

しかし、逆に、もし君がスリッパをそろえて出てきていれば、次に入った人はスムーズにスリッパを履くことができて時間の短縮になる。次の人、次の作業のために行うのが本当の合理化だ」

これは、「合理化」の本質をつくような話だと思います。

仕事をしていて、「もっと手間がかからないように、もっと手間がかからないように」って、**どんどん合理化していくと、最後には「自動化」にたどりつきます。**

次の人に手間がかからないようにするのが合理化。

この合理化の先に、自動化が待っています。

もう1つ、合理化のヒントになる話を紹介しましょう。

ニューロマーケティングという言葉があります。

脳科学の視点から消費者の脳の反応を計算することで、消費者心理や行動の仕組みを分析・解明し、マーケティングに応用するものです。

たとえば、駅の中で飲料を売る自動販売機の売上を上げたいというオファーに対して、このニューロマーケティングを使うと、次のようになるのです。

まず、駅を利用する乗降客の行動パターンを分析します。

ホームに立つと人は「あと何分で電車が来るのか？」を確認するため、必ず時計を探すのだそうです。

そこで、飲料の自販機に時計を設置すると、顕著に売上が上がったのだとか。

人の行動パターンを分析して、「こういう場合は、次に、こうするよね？」「ここを刺激されたら、こうしたくなるよね？」と先回りして考え、それに沿って購買までのプロセスを合理化し、自動化していく。

売る側も買う側も、ストレスのない流れを作ることができます。

さっそく、自分の職場を思い浮かべてみてください。すぐにでも自動化できるものがあるのではないでしょうか？

こうした観点でものを見ることで、自動化のセンスが磨かれます。

23
スゴイ！稼ぎ方

「合理化」が、お金のポケットの「自動販売機化」につながる。

24

ポケットを大きくする着眼点⑥

稼ぐ人と儲ける人の違い

子どもの頃から僕はラーメンが大好きでした。父とラーメン屋さんに行って食べているときに「将来、ラーメン屋さんをやりたい！」と言ったことがあります。「なんでだ？」と聞く父に、僕が「大好きだから！」と答えたところ、こう言われました。

「それなら、カウンターの裏へ行って、従業員が何人いるか見てこい。ここの店長は、そこで働いている全員に給料を払っているんだ。いったい、何杯のラーメンを売ったら、全員に給料を払えるか考えてみい。それよりもたくさん売らないと利益が出ないぞ」

子ども心に「ギャフン！」となった反面、「なるほど、商売ってそうやって考えるんだ」と思ったことを覚えています。

「権利収入」とか「損益分岐点」とか、そういう「お金を稼ぐための構造」に興味を持つキッカケは、父とのこうした会話から生まれたに違いありません。


「どうすると黒字になるか？」

「損益分岐点はどこなのか？」

「何をクリアーすると黒字が確定するのか？」


これから、あなたが「新しい収入源」を増やしていく過程で、どうやって利益を出していくのかを考えるときに、こうした計数感覚を持つことは、とても重要です。

やみくもに、「これをやりたいから、やる！」「好きだから、やる！」では、経費倒れになって、やがては行き詰まってしまうでしょう。

ホリエモンさん（堀江貴文さん）がブログに書かれていた、**「起業してほぼ確実に成功するために必要な4カ条」**というものがあります。

①利益率の高い商売
②在庫を持たない商売

③定期的に一定額の収入が入ってくる商売
④資本ゼロあるいは小資本で始められる商売

この4カ条を、僕なりに1つひとつ解釈してみました。

まず、①の利益率の高い商売ですが、これはつまり、低コストということですよね。コスト（経費）は固定費（毎月かかる定額の費用）と変動費（大まかにいえば原価）に分けることができます。

特に最初は、固定費、たとえば**「家賃」と「人件費」は、できるだけかけない**ようにします。オフィスを持つ、人を雇うということは後にして、自宅やカフェででき、自分1人でできる事業を優先してください。

もちろん、変動費、つまり原価もできるだけ下げるように努力しましょう。

②の在庫も同じです。トレンドが目まぐるしく変わるこの時代に、**在庫をたくさん抱えるべきではありません**。さばくまでに時代が変わってしまう恐れがあるからです。

今はオンデマンド（必要になったときに適宜発注すること）で製造できるものも増えていますから、どんどん利用しましょう。

③の定期収入ですが、これは**継続してお金が入る仕組みを作ろう**ということでしょう。これは、先ほどまでお伝えしてきた「自動化」につながっていきます。

大きな額のお金が一度に入ったらいいな、とつい心は動くものですが、一過性の売上が上がると、自分を過信して失敗に真っ逆さま、というケースは多いものです。

④ですが、これは、**初期投資（イニシャルコスト）をできるだけ少なく**、という意味。初期投資の回収に時間がかかるようでは、今の時代には合わないと思います。少ない資金で始められる事業にはどんなものがあるのか？　ということを念頭に置いてアイデアを組み立ててみてください。

ところで、「稼ぐ」と「儲かる」の違いはなんでしょうか？

「稼いでいる人」と「儲かっている人」は違う気がします。

「儲かっている人」はラッキーの上に座っている感覚があります。「当たった」っていう浮かれた気分を感じます。

だからでしょうか、成果が自分のコントロール下にないように感じます。継続性がない、ということにつながるのかも知れません。

これに対して「稼いでいる人」は、綿密な計算の上でお金を手にしているので、成果がコントロール下にある感じがします。

確信があって「稼いでいる」ので、浮かれてはいないのです。

「儲かる」は一過性であり、「稼ぐ」は継続性、と言えるのかもしれませんね。


僕がおススメする副業のポケットは、「稼ぐための道具」です。

決して、宝くじのように「一攫千金、大儲け」のツールではありません。

そこを理解した上で、「損益分岐点」などの計数感覚やホリエモンさんの「起業してほぼ確実に成功するために必要な4カ条」をしっかり意識して、事業を大きく育てていってください。

24
スゴイ！稼ぎ方

一攫千金を狙うのではなく、確信のもとに稼ぐ。

25

ポケットを大きくする着眼点⑦

価値を創造するチカラをつける

「お金のポケット（お財布＝収入源）」を増やしていきたいのなら、まずは価値を創造するセンスを磨きましょう。

そのために、常に**価値について考える習慣を身につけて**ください。

たとえば、ランチでお店に入るときも、「このパスタランチ、本当に1000円の価値があるのかな？」と考えてみるのです。

「このランチはお得だ！」と思ったなら「なぜ、そう感じるのだろう？」とさらに考察を深めてください。材料費はいくらで、人件費はいくらなのか。そのお店の家賃はどれくらいなのか……。

お寿司屋さんに入って、1万円の握りコースを頼んだとしましょう。

「ここは確かに美味しいけど、1万円の価値、あるかな？」

と考えるクセをつけましょう。

いただいたものより、支払ったお金のほうが多いと、人は二度と足を運びません。

支払ったお金より、いただいたものが多いと、人は足繁く通うわけです。

要は、**「(値段以上の)価値を創造する」ことが、仕事の源**ということになります。


たとえば、あなたは料理が得意な人だとしましょう。

もし、「3万円のコース料理」の発注が舞い込んだとしたら、どうしますか。

「お1人様、3万円をいただく料理ってどんなものだろう?」と考えますよね。

食材に価値を感じていただく、というのが一番わかりやすいでしょうか。

もちろん、それだけではありません。食べる場所、つまりお店の良さをアピールするのか、あるいは、食器も含め、トータルのおもてなしに価値を感じていただくのか。

ピアニストを呼んでクラシックの名曲を生で奏でることもできますし、美人スタッフかあるいはイケメンのウエイターに給仕をさせることもできます。

ステーキに金箔をテンコ盛りにするという方法もあります(笑)。


価値について考える習慣が身につくと、世の中すべてが考察の対象となります。

たとえば、テレビ番組を見ながら、「この番組は1時間かけて観るに値するのか?

もし、YESならば、なぜ自分はそう判断したのか？」と考えるのです。

余談ですが、僕の知り合いは、有名な社長さんを含めて10人くらいで定期的に食事をしているのですが、その際に、**「金額当てごっこ」をする**らしいです。

コース料理を味わって、食べ終わったあとに金額を紙に書き、正解から一番遠かった人が、全員分の食事代を負担するというゲームです。

テレビのバラエティ番組の人気コーナー「ゴチバトル」を本当にやるわけです。

その有名な社長さんによれば、

「価値を提供するのが仕事なんだから、**価値がわからない奴は成功できない**」

ということらしいです。

あなたが価値を理解できる人になり、価値を創造できる人になることこそが、「新しいポケット（お財布＝収入源）」を創造する方法の1つと考えることができます。

25

スゴイ！稼ぎ方

「ゴチバトル」は、副業成功の試金石。

26

ポケットを大きくする着眼点⑧

「稼げる値段」のつけ方

自分が提供する商品やサービスをいくらに設定するのか？

この「値づけの問題」はなかなか難しいものです。

安くすればいいというものではなく、高すぎても当然ダメなわけです。

同じことをやっている人が、いったいいくらの値をつけているか。それをベンチマークするのはとても大事なことです。

その上で、同じような額にするか、それより安くするか、あるいは、競合よりあえて高い値段をつけて高級感を出すなど、値づけにはいろいろなアプローチがあります。

いずれを選ぶかは、あなたのセンス次第です。

もちろん、競合相手より安ければいいとは限りません。

たとえば宝石は、高い値をつけたほうがよく売れるといいます。安い値をつけると「ニセモノなのでは？」と思われてしまうのです。

最初から、３段構えのような販売プロセスを組む場合、値づけはさらに大切になってきます。

最初に興味を持ったお客様が好奇心を満たせるようなフロントエンド商品を見せて、次に、ミドルエンド商品、そして、バックエンド商品へとリーチしていただく……。

その場合、「何をフロントエンド商品にするのか？」「どこに惹かれて人が集まってきてくれるのか」そして、「バックエンド商品でいくら利益をとるのか」という組み立てを考えながら、値づけをする必要があるでしょう。

ところが、**提供する価値自体が、値段とリンクしないケースも**あります。

たとえば、セミナーの参加費。その値段には大きなばらつきがあることに、以前から疑問を感じていました。そこで先日、セミナーを運営する仲間に、

「５０００円のセミナーと１万円、３万円、10万円のセミナーで、何が違うの？」

と聞いてみました。答えは、

「内容は同じようなものだよ」

とのこと。びっくりした僕は、

「それでみなさん、満足するの？」

と聞き返しました。

「みなさん、満足だよ」

と聞き、またまたビックリ。

要は金額によって集まる人の層が違うので、お金をより多く払った人たちのほうがいい出会いがあり、満足度が高いっていうことでした。

高額なセミナーほど、参加者同士が意気投合して、一緒に事業を立ち上げたりしているとのことだったのです。

ここで考えられるのは、**価格設定がお客様を選んでいる**ということ。

子ども服を作る知人は、価格設定を上げた瞬間に事業が大成功をおさめました。

それまでは、客層と販売する商品の価値が合っていなかったのです。

価格設定を上げたことで、その子ども服の価値を理解できるお客さんと出会えた、と考えることができます。

値づけを考えるうえで、「無料」という概念にも触れたいと思います。

「え！　無料でいいんですか？」

と思うシーンがよくありますよね。

提供する側としては、手に取ってもらったらその価値を絶対に理解してもらえる、という思いがあります。その機会を提供するために、無料配布にしたのでしょう。

その試み自体はいいのですが、無料だからといって「出し惜しみ」をしないでください。

たとえ**無料であっても、超良質のものを提供する**。

「これ以上知りたい人は、有料部分もありますよ」

と伝えれば、期待も高まるものです。

それに、人はもらい過ぎることができないという性質があります。心理学で「返報性の原理」といって、もらったら必ず返したくなるという性質です。

「ありがとう」を集めることで、あなたの未来はどんどん明るくなっていきます。

26

スゴイ！稼ぎ方

提供する価値と値づけの組み合わせで、客層が決まってくる。

27

ポケットを大きくする着眼点⑨

誰と組むか？

最近は、インターネットの発達によって、個人が情報を得ることも、発信することも簡単になりました。

すぐれたアイデアがあれば、事業資金をクラウドファンディングで集めることができますし、仕事も、必要があればアウトソーシングできる。人手が足りなければ、派遣社員を使うという手もあります。

基本的に、1人でも事業ができる時代なわけです。

この「1人でもできる時代」に、あえて**「人と組む」ということは、理由が必要**ですよね。たとえば、

「自分1人だとここまでだけど、この人と組んだらすごく仕事の幅が広がる」

「お互いに相手にないものを持っている同士だから、ウィンウィンになれる」

など。そういう、1＋1が2ではなく、5にも10にもなるのなら、大いに人と組む

べきだと思います。

ただし、**「誰と組むか？」は、成功するかどうかを左右する重要な選択**です。

会社組織なら、組みたくない相手と同じプロジェクトのメンバーになることもあるでしょう。でも、起業や副業では、せっかく「選ぶ権利」があるのですから、間違った相手と組んで、後悔しないようにしたいものです。

では、どんな相手と組むのがよいのでしょう？

いや、言い方を変えれば、どんな相手と組んではいけないのでしょう？

その判断基準として面白いのが、

「一緒に銀行強盗をやりたくない相手と組んではいけない」

という視点です。たとえば、

「彼の人柄は申し分ないし、気も合う。でも、もし、一緒に銀行強盗に行ったら、絶対に、へんなボタンを押したりして失敗の原因を作りそうな気がする……」

そう思える相手を仕事のパートナーにしてはいけない、ということです。

「ただの友だち」ならいいですが、そういう相手を、「仕事のパートナー」に選んではいけない。

要は、「ひいき目なしで、信頼できるかどうか」ということです。

もう1つ、大事なことがあります。

誰かと組んで仕事をするときに、意見が対立することがあります。

話し合いの結果、相手の意見を尊重したとします。

それが裏目に出て、やっぱり自分の主張が正しかったとなった場合でも、2人で決めた方向性なので**「後から恨みごとを言わない」という固い意志が必要**です。

誰かと組むときは、この「覚悟」が必要なんだと思います。

うまくいった場合も、「ほら、やっぱり僕が正しかった！」と主張しないのが「覚悟」です。

2人でやるとは、そういうことです。

スゴイ！稼ぎ方 27

誰かと組むときは、相手を見定めて、覚悟を決める。

28

ポケットを大きくする着眼点⑩

成功者のコミュニティに所属する

「成功する人なんて一部の人間だよ」と諭す人がいます。

たしかに、成功という概念上、一部の人しか成功はしません。著しく一般とかけ離れた結果を出す人を成功者と呼ぶわけですから、全員ってわけにはいきません。

一方で、「成功する鳥は群れをなして飛ぶ」という言葉があります。

そうなんです。**成功者は群れているのです。彼らは芋づる式に成功している**のです。

「どうやってそんなことになったんですか？」

「やり方を教えてください！」

と「know how＝ノウハウ＝やり方」を質問をする人が多いですが、実は、

「誰とつるんでいるんですか？」

「どのチームに属しているのですか？」

と「know who＝ノウフー＝属性」を聞くべきなのです。すると……、「なるほど！

あの一派ですね〜！」となる。


成功している群れに入れるか？　その群れはどこにあるのか？

それを見つけることがなによりも重要です。

まず、**紙を取り出して、憧れる10名をリストアップ**してみましょう。どんな名前が飛び出すか、あなたにも新鮮なリストになっていきます。

これが群れを探す地図となっていくことでしょう。

群れを発見したならば、明るく近づいていきましょう。

「僕、うまくいってなくて……」

と負のオーラで近づくと、群れの温度が下がってしまうことを恐れ、弾き出されてしまいます。

「〇〇さん！　先日、ご著書を読ませていただきました。たくさんの学びをいただきました。ありがとうございます！」

と明るく輪に入っていくことをおススメします。


成功者は運や流れをもっとも重視しています。

負のオーラを排除し、プラスのエネルギーを好んできたので、その群れがあるのです。エネルギーのゲン担ぎとでも呼んでおきましょう。

それがマナーだと思って覚えておいてください。

初めはご一緒させていただくことが息苦しかったり、馴染めなかったりするのですが、足繁く通い詰めることで、馴染み始めます。

これは、あなたのエネルギーが必要とされるための「儀式」のようなものです。

なにしろ**大切なのは「成功者に可愛がられること」**です。

引っ張り上げてくれる人との出会いは刺激的です。

緊張感に耐えられず、「わたし、苦手～！」と逃げることもできますが、そもそも最初から成功者の群れに入ることが得意な人など、誰1人としていないでしょう。

この法則を知る人は、常に人生のステップアップを続けていくのです。

28

スゴイ！稼ぎ方

「成功者」の近くにいると、「成功」は近くなる。

29

ポケットを大きくする着眼点⑪

「利益のカラクリ」に興味を持つ

日本では、儲かっている会社がプロ野球の球団を持つようになっています。別の言い方をすると、**プロ野球の親会社の顔ぶれを見ると、業界の浮き沈み（力関係の移り変わり）がわかります**。

昔は捕鯨の会社が下関に本拠地を置き、野球の球団を持っていたのです（大洋ホエールズ→松竹ロビンズとの合併を経る過程で川崎に本拠地を移転）。鉄道の会社も持っていました。というか、かつては球団を持つ企業の多くを鉄道会社が占めていました（国鉄スワローズ・近鉄バッファローズ・西鉄ライオンズ・阪急ブレーブス・南海ホークスなど……）

今ではDeNAというゲームの会社が持っていたりします。実際のところ、DeNAはゲーム業界にとどまらず、素晴らしい躍進をしている企業でもあります。

一方で、現在、鉄道会社で球団を持つのは、阪神タイガースと埼玉西武ライオンズに限られます。

では、鉄道会社はなぜ、球団を手放したのか。あるいは、球団を持っていた当時、鉄道会社は、どうやって大きなお金を得ていたのでしょうか？

当時は人口が増えていたから、運賃収入が多かったから？　いえ、そうではなく、見た目とは違うマネタイズ（お金を産み出す方法）の秘密があったようです。

鉄道会社のなによりの凄さは、「どこでも駅前にすることができる」ということ。鉄道が通る予定地を、まだ安い段階で買い上げ、そこに駅を作る。それにより、大きな収益を得ていたのでした。

今は、人口減少で郊外の空洞化が進み、そのやり方がもう通用しません。

このように、**事業とは、見た目と実際に利益を得る方法が違っていたりする**のです。

世界でもっとも店舗数が多い某ハンバーガーチェーンも、「利益のカラクリ」は外から見えているものと違います。

利益を生むのはハンバーガーではなく、ポテト？　いえ、ポテトでもないのです（笑）。

ヒントをあげましょう。フランチャイズの入っている物件は某ハンバーガーチェーン本体が持っているという事実です。

詳しい説明は省きますが、実のところ、このハンバーガーチェーンは、不動産の力で進化していっているのです（映画『ファウンダー　ハンバーガー帝国のヒミツ』より）。

何がどうなって利益が産まれているのか？
キャッシュポイントはどこなのか？
どうやってマネタイズしているのか？

そこに興味を持つことで、「利益のカラクリ」を見つけることができるのです。
そのことが、あなたの副業にも、きっと役立ちます。

29
スゴイ！稼ぎ方

うわべの姿に惑わされず、「利益のカラクリ」を知る。

コラム

未来がどれくらい見えていますか？

世の中や親があなたに提案してくれる幸せのカタチに、違和感を持つことって多いですよね。

かつては、あなたが人生に求めている幸せのカタチとそれらは、一致していました。

とくに、経済全体が発展していた、高度成長期からバブル期まではそうだったような気がします。

ところが、国内の経済成長がこれ以上は望めない状況で経済はグローバル化し、あらゆる業界で競争も激化し、「大企業神話」も崩壊しました。

今は、日本を代表するような大企業の経営が傾いたり、外国の企業に買収されたりということが普通に起こる時代。

どんな有名企業に就職しても、安心できなくなってしまいました。

だからこそ、**自分で自分の人生を「カスタマイズ」し、オーダーメイドの生き方を作り上げて**行かなければなりません。世の中が正解を見せてくれるわけではないし、親と同じ道を歩んでも、幸せにはなれないのです。

最近、将棋教室に子どもを通わせる人が増えていると聞きます。天才棋士・藤井聡太さんの出現で世のお母様たちが「将棋は儲かる」ということを知ったのでしょう。

そこで気になるのは「なぜ将棋は儲かるのか？」という利益のカラクリです。

何がどういう仕組みになっていて、大きな賞金が用意されているのか？

答えは新聞の将棋欄にあったのです。要は、棋戦（大会）の賞金の出所、つまり、主催者のほとんどが新聞社なのです。

ところが、未来から見ると、新聞はこの先弱くなっていくメディアです。

子どもを将棋教室に通わせる、お母様たち！！！

「あなたの子どもが大人になる頃には、ニュースは新聞とは違うメディアで読むようになっていますよ」って伝えてあげたい。

時代はスゴイ勢いで変わり続けているのです。**僕たちはある意味、人類初の激変時代に生きています**。

その原動力の1つが、AIにみられるテクノロジーの急激な進歩。

今までの当たり前が過去のものとなり、新しい技術やアイデアがある日突然、常識となるのです。

だから、のんびりしている暇はありません。

「癒しの時代」から「磨きの時代」に変わった、とすでにお伝えしましたよね。

何を磨き、何を深掘りするのか？

それらは「なぜ、生きるのか？」という考え方に支えられています。

「なぜ、生きるのか？」の今のあなたの答えを出してみてください。

その答えが以後、マイナーチェンジ、メジャーチェンジを繰り返し、別物となっていってもいいのです。

「今のあなたの答え」が今のあなたを支えています。

「なぜ、生きるのか？」が「なぜ、働くのか？」を支えるテーマとなります。

もう、僕たちはそういう哲学的な課題を避けて働くことはできないのです。


あなたはどんな貢献ができるのか？

誰を喜ばせたいのか？

誰にありがとうを伝えたいのか？

より人間らしい時代が、ＡＩの出現によってやってくるのかも知れません。

第３章　まとめ

- 「ポケットを大きくする」には、世の中に４つの働き方があることを頭に入れておく。
- 「ポケットを大きくする」には、自動販売機のようにお金が入り続ける「権利収入化」の仕組みを作る。
- 「ポケットを大きくする」には、仕事を常に合理化する。
- 「ポケットを大きくする」には、一攫千金を狙うのではなく、綿密な計算の上にお金を手にする。
- 「ポケットを大きくする」には、顧客に満足していただけて利益も出る値づけを意識する。
- 「ポケットを大きくする」には、組む相手を正しく見定める。
- 「ポケットを大きくする」には、成功者のコミュニティに入る。
- 「ポケットを大きくする」には、いろいろなビジネスを学び、利益が出るカラクリを知る。

第4章

僕の「スゴイ！ 稼ぎ方」修業原体験

第４章のテーマは、僕個人に焦点を当てた、「稼ぎ方」の修業原体験です。

この章では、ここまでに紹介した「稼ぎ方」「お金のポケットの増やし方」のノウハウを培うに至った、僕自身の原体験をご紹介します。

そのなかには、僕が子どもの頃に両親が遭った「持ち逃げ事件」や、僕が学生時代にバッシングを受けたエピソードなども含まれています。

今まで、あまり話をしてこなかった、とっておきの秘話の数々です。

30

僕の「スゴイ！ 稼ぎ方」修業原体験①
「軸になっている言葉」

僕の父親《おやじ》は、兄弟が10人以上もいたので、早々に家を出て、自立したようです。いくつかの仕事を経験した後、実家の家業である真珠養殖業に就いたのは30歳を超えた後でした。

他の兄弟よりも後発だったので、**事業を始めた当初はお金が回らず、ウチはとても貧乏でした**。

家もなくて、養蚕《ようさん》をやっていた本家が蚕《かいこ》を飼うのに使っていた「蚕部屋」を借りて、一家で暮らしていました。

なにしろ、もともと蚕部屋ですから、暗いし、雨もりもするというボロ家です。

雨が降ると、土壁が崩れてくるので、そこを新聞紙で補強してくい止めるという、まるで漫画に出てくるような貧乏生活。

それが**僕の子ども時代でした**。

そんなとき、町営住宅が近くにできるという話がありました。

僕たちも入ろうと思えば入れたんです。

でも、僕の親はこんなことを言って、町営住宅に入りませんでした。

「そんなものに入ってしまったら、自分で家を建てようという気持ちが無くなってしまう。今はこのボロ家で踏みとどまって頑張って、ほんまに稼いで立派な家を建てるから、おまえらそれまでの我慢やで」

この言葉。

実は、今でも僕の考え方の、大切な軸の1つになっているんです。

「夢を持っているのに、その**夢と似たものを手に入れてしまうと、**それで満足して腑《ふ》抜《ぬ》けになってしまい、**結局、夢が叶わなくなってしまう**」

僕は、この軸を持っていたからこそ、学生時代にビジネスを始めてから今日までの33年間、いつ寝ていつ食べたのかわからないくらいに頑張ることができたのだと思っています。

30
スゴイ！稼ぎ方

「自分の軸」を持つと、行動が変わる。

31

僕の「スゴイ！ 稼ぎ方」修業原体験②
はじめて商売に出会う

親から、「頑張って稼いで、いつかは立派な家を建てるから」なんていう言葉を聞いて育ったからでしょうか。

それとも、前世の因縁でしょうか（笑）。

僕は、小さな頃から「お金を稼ぐこと」に興味がある子どもでした。

そんな僕の、「最初のお金稼ぎ体験」は、幼稚園の頃のこと。

幼稚園児でも、稼ごうと思えば稼げるものなんです。

僕が目を付けたのはスズムシでした。

スズムシを捕まえて、つがいにしてご近所の農家のおじいちゃん、おばあちゃんに100円で売ったんです。

母親はスズムシを売ろうとする僕を見て、笑いました。

「あんた、そんなのよう考えてみい。野良仕事をしていたら、スズムシなんて、いくらでも周りでピョンピョンはねているのに、100円で買ってくれるわけないやろ」

でも、売れる確信があった僕は、こう言い返しました。

「ちゃうよ、お母ちゃん。**僕みたいな幼稚園児が売るから、可愛くて買ってくれる**んだよ」

事実、僕が、

「おばちゃん、スズムシ、つがいで100円やけどいらん?」

と声をかけると、

「おう、よしよしよし」

って言って、何人かが買ってくれたんです。

買ってくれた人はおそらく、家に帰って、

「今日な、帰ろうとしたら幼稚園の男の子がきて、『スズムシいらん?』て売りにきたんや。可愛かったんよ」

って言うために買ってくれていたはずなんですね。

僕は、**幼稚園児だという自分の強みを見越して売っていた**わけです。

他にも、僕は漫画が得意だったので、自分で同じ漫画を2部描いて、それを弟と妹に1部30円で売っていましたね。

「もうすぐ、2巻が出るよ~」

「うっそー。お小遣いがない」

「あっ、ツケもいけるよ」

それをあるとき、母親に見つかり、

「弟、妹からお小遣いを巻きあげちゃダメ！」

と叱られたのを覚えています。今でも兄弟が集まると、

「ヒドイ兄貴だ！」

と笑い話になるのですが、

「案外、その漫画が面白かった」

とも言われるのです（笑）。

31
スゴイ！稼ぎ方

稼ごうと思えば、幼稚園児だって稼げる。

32

僕の「スゴイ！ 稼ぎ方」修業原体験③
「仕事にハマる」を知る

僕が小学生の頃、前述のように、親父は真珠の養殖をしていました。

真珠を養殖するのはアコヤガイという貝なのですが、この貝を育てるには、殻のそうじが欠かせないんですね。

殻にゴミが付くと、貝がちゃんと呼吸できなくなったり、プランクトンを摂れなくなったりする。

だから、貝殻に付いたゴミを出刃包丁で、ガリガリとこそぎ取らないといけない。

その仕事を、小学生だった僕は手伝っていました。

貝のゴミ取りなんて、単調な仕事です。それを朝から延々と夕方までやる。

はっきり言って、退屈そのものでした。

それで、僕は母親に提案したんです。


「ねえ、ストップウォッチ買って欲しいんだけど？」

「また、おまえは、そうやってサボろうとする」

「いや、サボるんじゃなくて、時間と競争したいの」

どうやると、効率よく仕事が進むのかを時間を計りながら試してみたい、という好奇心から出たアイデアでした。

片面だけ10個やって、ひっくり返して10個やった場合と、丸々1個を10個やった場合と、どっちが早いかとか、そういう作業効率を調べてみたかったんです。

どう説明してもシブる母親を、なんとか説得して、まんまとストップウォッチを買ってもらいました。

すると、それまではあんなに退屈で、時間がゆっくり流れていた貝そうじが楽しくて仕方がない。

「もっと早くきれいにする方法はないか」って、いろいろ試して、作業時間を計ってやっていると、あっという間に時間が経つようになった。

楽しい仕事。自分がハマっている仕事は、ぜんぜんツラくない。

仕事のモチベーション、仕事の生産性、作業効率……。

そんなことを、僕は貝そうじという仕事に教えてもらった気がします。

32

スゴイ！稼ぎ方

自分で試行錯誤する仕事は、楽しい。

33

僕の「スゴイ！ 稼ぎ方」修業原体験④

ほぼ全財産を失った「大事件」

真珠の養殖を始めたのが後発で、苦労をした**親父でしたが、僕が小学4年生になる頃には、水揚げが年間2000万円**にまでなりました。

ウチはお金に関する話題がオープンな家庭だったので、親父は子どもに向かって、

「ウチの去年の稼ぎはいくらだったと思う?」

とクイズにしては盛り上がっていました。

ですから、この小学4年生のときの「2000万円達成」は印象的で、母親は赤飯を炊き、父はお酒をたくさん飲んで酔いつぶれたのを覚えています。

苦労して、やっと真珠養殖が軌道に乗ったお祝いだったんですね。

ところが、その2年後。

我が家にとって大事件が起こりました。

その事件は、僕にとっても、**「お金の怖さ」を知った原体験**になっています。

当時、ウチを含め、親戚が真珠を売るときは、少しでも高く売るために1人のブローカーさんを通して売っていました。

そのブローカーさんは、ウチにもよく来ていて、夜中にお茶漬けを食べに来るなど、

とても親密なお付き合いをしていたんです。

ウチに来るときは、お菓子をお土産にくれたので、僕はその人が来るのを、いつも楽しみにしていました。

その、家族同然にしていたブローカーさんが、真珠の売上を持ち逃げしたんです。

親戚一同の被害額は、当時のお金で約2億円。

ウチは2000万円で、ほぼ全財産を失いました。

あっという間にスッテンテンです。

母親から言われた言葉は今も忘れません。

「とにかくウチはお金がない。だけど、人様に借りることなくこれを乗り切るからね。だからあんたたちも頑張りなさい。これからは、人が欲しがるものを欲しがったらダメだし、欲しがっても買えないよ。そのことをあんたの口から弟と妹に伝えなさい」

そんなことを言われても、どう伝えていいかわかりません。

それで、ワケを聞いて、はじめて大好きだったあのおじさんが、ウチのお金を持ち逃げしたと知ったんです。

どんなにイイ人に見えても、人はお金のためにこういうことをするんだ……。

そんな「お金の持つ魔力」を、僕は小学6年生で知ってしまったのです。

これは、山﨑家にとって大事件でしたが、僕にとっても、**天地がひっくり返るくらいに、ものの考え方を変えさせてくれる出来事**でした。

そのあとも、親父は悔しくて、悔しくて、気持ちが収まりませんでした。

どこに向けたらいいのかわからない気持ちを吐き出して、

「アイツ、絶対に許さん」

と怒りを酒にぶつけていました。

でも、そのとき、（僕はすっかり忘れているのですが）僕が親父に、

「ウチが悪いことをやったんじゃなくて、**やられたほうでよかったやん**」

と言ったらしいんです。

その僕の言葉を聞いて、親父も「せやな」って言って、そこからまた奮起し、危機を乗り切っていくのです。

僕にとっては、この、**絶望の淵からでも頑張れば乗り切れる**という体験も、その後の人生において大きな学びになっています。

僕は今、よく友だちから、

「タクは、稼いでいるわりにはお金を使わない」

って言われます。

もしかしたら、この小学6年生のときの事件が記憶に残っていて、**「人生は、何が起こるかわからない」**という潜在意識になっているのかもしれません。

33

スゴイ!稼ぎ方

お金は、時に「人を変える怖いもの」だと知っておく。

34

僕の「スゴイ！ 稼ぎ方」修業原体験⑤

下宿で「有料カフェ」開店？

小学生の頃は真珠養殖の手伝い、中学生になってからは、「家のお金をもらっても、親から子どもへとお金が移動するだけで、家の中のお金が増えてないと思う」と主張し、旅館をやっている親戚のおばちゃんのところを紹介してもらいました。

窓ふきのアルバイトなどをしてお金を稼ぐことで、**「外貨を獲得」する喜びを学びました**（家族以外からお金を得ることにより、山﨑家のお金が増えたと考えるようになる）。

そして高校へ。15歳から1人暮らしが始まりました。

学校に慣れてくると、部屋には人がよく集まりました。

ある日、下宿に遊びにくる友だちに、「コーヒー1杯30円」というメニューを出したんです。

友だちが来たら、

「へい、らっしゃ〜い！」

って。友だちは、最初、

「なんだよ、お前、金とるのかよ」

って驚いていました。僕は、

「そりゃあ300円だったらぼったくりだけど、30円なんだから気になんないでしょ。それに、もう1杯飲みたくなったときも、**有料だったら、遠慮する必要がないから頼みやすいでしょ**」

って説明しました。そう言うと、友だちも観念して（笑）、

「わかったよ、じゃあ、30円。コーヒー1杯お願いします」

「はい、毎度あり」

と下宿内カフェ運営が始まりました。

メニューは、

「インスタントラーメン300円」

「マッサージ1時間1000円」

と、どんどん充実していきました。

そうこうしているうち、友だちからウワサを聞いた近くの大学に通う先輩が、部活のあとに友だちを連れ、マッサージに来てくれるようになりました。

マッサージしながら、

「小腹、空いていません？　ラーメンもできますよ」

34

スゴイ！稼ぎ方

お金は、外から稼いでナンボ。

って言うと、

「じゃあ、もらおうか」

なんて……。

「カフェごっこ」の範囲を超えることのない高校生のお遊びでしたが、めちゃくちゃ楽しかったことを覚えています。

文化祭の日常ヴァージョンっていう感じでした。

たいした金額ではありませんが、子どもの頃の家庭・親戚内アルバイトとは大きな違いがあります。

対象者が「家族」↓「親戚」↓「他人様」と世界が広がっていきました。

僕にとっては、「外からお金を得る」ことを意識した、新たなお金稼ぎの体験だったのです。

35

僕の「スゴイ！ 稼ぎ方」修業原体験⑥

お金儲けが嫌われる理由

大学時代。入学当初、衝撃を受ける事件がありました。

このときの衝撃も、今の僕にとって大きな学びになっています。

大学に入学したとき、思ったんです。

「自分の通っている大学がどんな様子で、どんな友だちができたかを、高校時代の友だちに知らせたい」

って。そして、

「あれっ？　これって自分だけじゃないよね。とくに親元を離れた人は、両親に大学のキャンパスにいる自分の姿を見せたいと思うよね」

と気がつきました。

これは商売になる！

そう思って、次の日から、キャンパス内で写真を撮りまくりました。

そして、撮り溜めた写真をナンバリングして、ワーッて貼り出し、

「欲しい写真があったら番号書いて教えてください。1枚50円でプリントします」

って始めたのです。

ところが、誰も買わないのです。

「なんで、無料でくれないの？」

と聞かれ、戸惑いました。要は、

「写真は欲しいけど、あなたが儲かっているんでしょ？　だったら、買わない！」

っていう結論だったんです。

あのときの嫌悪のまなざしが忘れられません。


ショックでした。

正直、僕には理解ができませんでした。

知らない業者さんには喜んで写真1枚に200円を出すのに、友だちである僕には1枚50円を出すのが腹が立つって。

どうして？　いったい、どうして⁉

そして、学びました。

そうか！　**人は「知っている人」が儲けるのが嫌なんだ。**

知らない人なら気にならないけど、知っている人だと嫉妬するんだ。

35

スゴイ！稼ぎ方

「あなたがお金を稼ぐのを嫌う人がいる」と知ろう。

僕は、お金を稼ぐことに対してオープンな家庭で育ったので、**お金に対するメンタルブロック（抵抗感）が他の人よりもかなり薄かった**ように感じます。

でも、世の中には、**「お金を稼ぐ」という行為に対して「汚い」というイメージを抱く人が少なからずいる**ということを、このとき、学んだのです。

僕は、みんなが喜ぶと思って、わざわざ写真を撮って現像し、それを張り出して、希望をとり、写真を焼き増ししてお届けするというサービスを思いつきました。

しかも、損益分岐点を考えた上で、業者さんよりもはるかに安い額を設定したのです。

それに対して、対価をもらうのは、当たり前だと思っていました。

それなのに、ジェラシーで不買運動をするという人がいることに、正直、ガッカリしましたし、これは今後、気をつけなくてはと肝に銘じました。

これまた、意識して外貨を稼ぎにいったときの大きな学びでした。

36

僕の「スゴイ！ 稼ぎ方」修業原体験⑦

家庭教師で思いついた着想

僕は大学生のとき、本当にいろいろなアルバイトを経験しました。

皿洗いなど、一般的なアルバイトの他に、たとえば、シューズメーカーで、展示会用の靴にヒモを通すなんていうバイトもやりました。

ひと晩中、ひたすら靴にヒモを通して8000円。

ずっと靴ヒモを通し続けていると、だんだん変になり始め、ヒモを通す穴が大きくズームして見えてくる……そんな体験もしました。

あと、面白いところでは、テレビの高校生クイズで、予選の○×クイズのときに、「○と×に分かれた人たちの間にロープを張って仕切る」なんてアルバイトもしました。それは1日で1万円を稼ぎました。

そんな数々のアルバイトの中で、**僕が「スゴイ！ 稼ぎ方」の基本的な考え方に気がついたのが、家庭教師のアルバイト**でした。

当時、僕は「大学生」という自分のアドバンテージを活かそうと、家庭教師斡旋センターに登録していました。

そこでの家庭教師代は、1時間につき1000円。

初めての家庭教師としての体験……、訪問先へ伺い、2時間教えました。

教え終わると2枚のチケットを家庭教師先のお母さんからいただきました。

この1枚がセンターへ持ち込むと1000円に変わるのです。

2枚で2000円……そのとき、家庭教師先のお母さんに、

「このチケットは、1枚、いくらで買っているんですか?」

って聞いてみたんです。すると、

「1枚1500円よ」

と。そのとき、「えっ⁈」と衝撃的な光が僕の体の中を走ったんです。

つまり、**僕が2時間教えると、家庭教師斡旋センターは1000円儲かる!!!**


そのカラクリを知った僕は瞬時に、こんな提案をしました。

「お母さん、このチケットの束がなくなったあとも僕を継続してくださるなら、チケットは買わないでください。僕が1時間1000円で教えに来ますから」

と言うと……、お母さんは「ニヤリ」と笑って、

「あなた、面白い子ね。いいわ、じゃああなたに1時間1500円払ってあげる」

って言ってくれたんです。

そのお母さんは、服屋さんを4軒も切り盛りしている経営者だったので、すかさずお金のカラクリを理解し、面白い提案をしてくると、僕を気に入ってくれたのです。

当時の時給1500円と言えば、学生には大きなお金です。

その晩から数日間、僕は興奮してよく眠れませんでした。

時給1500円に興奮したのではありません。

この**家庭教師斡旋センターの仕組みに興奮しました**。

「家庭教師斡旋センターを作ってみたい」という考えが脳内を支配したのです。

僕の周りには「家庭教師をやりたい学生」がたくさんいる。

そして、その服屋を経営するお母さんのように、いい家庭教師を探しているお母さんがたくさんいる。

この**ニーズとウォンツをマッチングさせれば、この仕組みは走り始める**。

さらに、その仕組みを後輩に教え込んで、自動的に運営できるようになったら……。

これはスゴイ！

もう、考えれば考えるほど楽しくて、眠れませんでした。

結局、学校、部活、遊び、家庭教師、アルバイトと日々の生活に追われ、実現はしませんでした。

でも、このときにひらめいた「ニーズとウォンツをマッチングさせる」仕組みを作り上げ、それを運営する人を育てることで、お金が自動的に入り続ける仕組みは、**現在の僕のビジネス展開でも基本になっている考え方**です。

当時、「将来的には教員をやるのだから、自分は他の仕事にはずっとは携われない」という観点が権利的な収入に考えを導いてくれたんだと思います。

これについては、第3章で詳しくお話しした通りです。

36

スゴイ！稼ぎ方

ニーズとウォンツをマッチングする。

37

僕の「スゴイ！ 稼ぎ方」修業原体験⑧

社長さんたちへのインタビュー

学校の教員になるために、僕は大学では教育学部の体育専攻を選んでいました。

でも、大学2年のとき、

「社会に出た経験もないのに、このまま教員になってもいいのだろうか？」

と疑問を持ったんです。

それで、友だちと、

「世の中の社長さんと呼ばれる人たちにインタビューしてまわる」

という活動を始めました。広島県では広島市と並んで栄えていた尾道市の商店街を訪ねて、

「すみませーん、広島大学の学生なんですが、社長さんにアンケートにご協力をいただきたいのですが～」

ってやったんです。そうすると、窓口担当のスタッフの方が、

「アポは？　とってないの？　じゃあ、社長に伝えておくから、3時にまた来て」

なんて言ってくれて。

「わかりました～」

ってことで、また午後の3時頃に、

「こんにちは～」

って訪ねる。社長さんが出てきて、

「君らか。なんなんや、いったい」

そこで、僕はいつも、社長さんへ、次の2つの質問をぶつけていました。

①社長さんが僕の年齢のとき、何をされていましたか?
②今、社長さんの目の前に、20歳の頃の自分がいたら、何をアドバイスしますか?

この2つの質問をして、話を聞くと、なかには僕たちのことを気に入ってくれて、

「おまえら、今日の夜、時間作れ。メシに連れてったるわ」

って言ってくれる社長さんもいました。

当時の僕は、そうやって、社長さんの話を聞くのが楽しくて仕方がなかった。

とにもかくにも、「登りつめた人たち」ですから、その言葉からは学ぶところがたくさんあったんです。

もう、尾道の商店街を全部回って、同じ社長さんのところへ、

「また、来ました~!」

って何度も訪問しました。

第5章でくわしくお話をしますが、この**「先輩からとことん話を聞いて、その考え方に学ぶ」というのは、実は「成功への近道」**なんです。

僕は、社会人になってからも、先輩から話を聞きまくって多くのことを学びましたが、それは、もしかすると、この大学2年のときの社長さん行脚《あんぎゃ》の経験が活きたのかもしれません。

37

スゴイ! 稼ぎ方

登りつめた先輩は、成功のための最高の教科書。

38

僕の「スゴイ！ 稼ぎ方」修業原体験⑨

個人輸入にチャレンジ？

前の項でお話をした尾道の「社長行脚」をしていたとき。

1人の社長さんから、こんなことを言われました。


「インドへ行って、雑貨を買い占めて来い。オレが、お前たちが買った値段より高い金額で買いとったる。オレはそれを店で売る。お前らは儲かった金で今度は違う国へ行って、また雑貨を仕入れてくればいい。どうや？」


当時、インド雑貨はほとんど日本に入っていませんでした。

やる気になった僕は、家庭教師で稼いでいたお金をつぎ込むことにしました。

調べてみると、某百貨店がインド雑貨を仕入れ始めていたんです。

さっそく、問屋街へ行って、どんな雑貨をいくらで売っているのかをリサーチ。

一方で、元手を増やそうと思って、京都の骨董市で、わざわざ仕入れた中古トランクを売ろうとしてまったく売れない……という経験もしました。

「**やっぱり、自分が欲しくないものは人も欲しがらない**。そんなものは売れない」

って学びました。

そのうち、また商売の虫が騒ぎだして、

「これ、インドへ買い付けに行って、それを売って終わりじゃ、つまらないよね」と思い始めました。

雑貨を仕入れるルートを作って、権利化したらどうかと？

サンプルだけ買ってきて、受注があったときに大量に仕入れて、その間に入ってお金が自分に落ちるようにできないか？

今にして思えば、**学生の分際で、商社的なことをやろう**とし始めていたんです。

本を15冊くらい読んで調べてみると、保険をかけなくてはならないとか、それにはたくさんの種類があり、それぞれ書類がややこしそうだとか、税関を通さなくてはいけないとか、越えなくてはならないハードルがたくさんあって……。

これらの手間暇を代行するから、人様からお金をいただけるんだと知りました。

今なら、輸入代行店があって、面倒な事務手続きはそこに頼めばいいんです。

ですが、当時は全部1人でやろうとしていました。

このとき、社長さんから声をかけてもらって、輸入についていろいろと調べた知識は、その後、すごく役に立ちました。

目の前にある輸入品は、それらのプロセスを経てここにあるんだ、というリアリティが持てるようになりました。

すでにお気づきの通り、僕は子どもの頃から学生時代まで、いろんなアイデアを思いついては、

「これはいけるかも！」

と興奮する日々を送っていました。

たくさんのお金を手にしたわけではなかったですが、**アイデアがお金になるということは、それによって喜んでくれる人がいる**ということです。

お金が入ってくることはもちろんですが、僕は、自分のアイデアによって人が喜んでくれることがたまらなくうれしかった。

そして、自分のアイデアがヒットするという感覚が快感でした。

この感覚が、ずっと**僕のお金を稼ぐバックボーンになっている**のだと思います。

38

スゴイ！稼ぎ方

チャレンジは、失敗しても役に立つ。

39

僕の「スゴイ！ 稼ぎ方」修業原体験⑩

年収は、大人の通信簿

この章では、**僕の子ども時代からの「お金に関する体験」**についてお話をしてきました。

僕の家庭は、貧乏のドン底から、真珠養殖を頑張る。

途中、信じていた人に裏切られて、また、貧乏に――。

このような経験が、僕のお金に対する価値観を決定してきたのかなと、改めて思いました。

「去年のウチの年収はいくらだったよ」

「今年、お父ちゃんがいくら稼ぐか当ててごらん」

といった会話は、僕の家族の間では当たり前でした。ところが、よその家ではお金に関するトークが実は稀《まれ》だ、ということを知ったのは大人になってからです。

貧乏な頃に、親から、

「今はこうやけど、**頑張って稼いで、いつかは人並み以上の生活ができるようになる**からね」

と言われて、実際にそれを実現する姿を見せてもらったことも、とても大きかったと思っています。

「頑張れば、夢って実現するんだ」

って。そんな家庭環境で育った僕は、「お金」に対してとてもオープンマインド。

そして、いつもこんなふうに思っています。

「年収は、大人の通信簿」

資本主義社会に生きている以上、やっている仕事が、世の中でどれくらい評価されているかが、その人の年収に反映しています。

それは、会社員でも自営業でも同じ。

その人の仕事に対する、世の中からの評価がその人の収入なんです。だから、

「年収は、大人の通信簿」

ちなみに僕の親父は、僕には内緒で、「自分と息子、どっちがたくさんの収入を稼ぐか?」という競争をしていたようなんです。

そして、ある年、僕のほうが勝《まさ》った。

それを知った親父は、

「よしわかった。やめるわ」

って、きっぱりと真珠の養殖から手を引いたんです。

でも、実はこのあと、真珠養殖業界はとても苦しくなるんです。

親父はタイミングよく手を引いたおかげで、借金を背負うこともなく、美しい幕引きをしました。

これは偶然という必然なのですが、**親父の引き際の良さが、山﨑家を救ったた**んです。

39

スゴイ！稼ぎ方

年収は、社会から「どれくらい評価されているか」が数値化されたもの。

40

僕の「スゴイ！ 稼ぎ方」修業原体験⑪

お金を稼ぐことは「善行」

僕は、仲間から、

「ある程度、成功しているんだから、少しは落ち着いたら？」

「そんなに忙しくしてたら後輩たちは憧れないよ」

と言われたりします。

その意味はわかるのですが、やはり、止められないのです。

自分のヒラメキが当たる快感や、頑張っている他の仲間を軌道に乗せることや、新たなるスターを誕生させることなどを通じて、新たなる仕事で新たなる現実が開けていく感じが、たまらなく好きなのです。

「稼げる」とは「貢献」、つまり、誰かの喜びに寄与しているということです。

お金を稼ぐためには、他人を喜ばせてナンボ。

だから、**「お金を稼ぐこと」は善行《ぜんこう》**なんです。

そして、仕事を頑張ることは「魂磨き」でもあると思っています。

教師を志す自分が仕事の世界にドンドン心酔していく過程で、

「僕はお金に目が眩《くら》んでいるのだろうか？」

と自問自答したことがあります。

そのとき、なぜ、自分は教員を目指すのか？　という問いを立ててみました。

その答えは2つありました……。

「安定している仕事に就きたい」

「人の人生に影響を与える仕事をやりたい」

でした。そのとき、ちょうど始めていた事業があって、

「あっ！　これは、今やろうとしている仕事でも同じだし、教師よりも規模の大きな安定と規模の大きな影響を与えられるのでは」

と判断しました。なので、そこから一気に迷いなく頑張っていくのです。

「自分はなぜ、その仕事にやりがいを感じるのだろう？」

「自分にとって、その稼ぎ方には、どんな意味があるのだろう？」

と自問自答を繰り返し、素早く心を整理整頓することが、前に進むスピードと大きく関係しているようです。そして、

「その行いは、いかなる貢献につながっているのか？」

「善行として、そのことを認識できるか？」

ということはとても重要です。そうした自覚のない労働は、「ただの金儲け」であり、本来的な意味での「お金を稼ぐ」とは大きく違うものとなります。

40

スゴイ！稼ぎ方

お金を稼ぐことは、「自分を磨く」ことにつながる。

夢は「欲」ですが、その欲に「公」を足すことで、「志」に変わります。

「素敵な家が欲しい！」

は欲ですが、

「私が素敵な家を手に入れたら、世の中のシングルマザーに勇気を与えられる」

となると志に変わります。

「欲」には協力者は現れません。

「志」に変わった瞬間から、多くの協力者を獲得することができます。

また、こんな格言があります。

「早く行きたければ、一人で行け。遠くまで行きたければ、みんなで行け」

志により、共に歩く仲間を獲得できることも、より面白い人生を手に入れることができる秘訣です。

第４章　まとめ

- 稼ぎ方に対する、自分の考え方の「軸」を持とう。
- 稼ぐことには、立場も場所も年齢も関係ない。
- 生産性や効率を意識すると、仕事がゲーム感覚になって面白くなる。
- お金は、時に「人を変えてしまう」「嫉妬を生む」ものだと心得る。
- ニーズとウォンツのマッチングこそがお金を稼ぐ基本。
- アイデアがお金になることが最高の快感。
- チャレンジは、失敗してもいつか役に立つ。
- お金を稼ぐことは「社会貢献」。年収は「社会への貢献度合いが数値化されたもの」である。

第5章

本業のポケットも大きくする

第５章のテーマは、「本業のポケットを大きくするには？」です。

本書のテーマは、「いかにして、本業以外の『お金のポケット』を増やして育てるか」ですが、実はそのためにも「本業で活躍すること」が重要です。

今の場所で、いかにパフォーマンスを上げ、いかに経験を積むか？

本業で得た学びが、副業にも大いに役立ちますので、ぜひ、ご活用ください。

41

本業のポケットを大きくする考え方①

本業から学ぶことは無数にある

ここまで、副業で成功するノウハウを、さまざまな角度から紹介してきました。

そもそも本書のテーマは、お金のポケット（お財布）を増やすこと。

ですから、**本業をおろそかにしてはいけません**。むしろ、今まで以上に大切にすべきです。

副業での経験を活かして、自分自身のパフォーマンスをアップさせて、本業が急に簡単に感じたり、活躍したりするあなたになってください。

今の本業をメインのキャッシュポイントにしているからこそ、その他のジャンルにチャレンジできる。

ぜひ、本業でもさらなる信頼を獲得し、もっと大きな影響力を手に入れてください。

本業で学び、副業に活かす。副業で学び、本業に活かす。

学びの相乗効果を体験してほしいのです。

企業のネームバリューや資本力、社内の仲間の力を借りられるということは、陸上競技でいうところの「追い風参考記録」です。

よく聞く、「独立して会社の看板がなくなった瞬間に、初めて自分の存在の小ささを知った」という話があります。せっかくなので、会社という追い風を上手に使って、もっともっと、いろんな仕事を体験し、あなた個人の力を付けていってください。

社内にも社外にも更なる人脈を作りましょう！

独立してしまってはできない仕事が、会社勤めをすることで体験できます。

会社自体が持つスケール感やリソース（経営資源）を活かして、自分自身をどこまでステージアップさせることができるのか？

絶好のトレーニングの「場」なのです。

会社員だからこそできるチャレンジがある。リスクは会社が持ってくれます。

独立して、自分の資本でチャレンジとなると、すべてのリスクが自分に跳ね返ってくるのです。

自分でお金を出さなくてもいい、という意味でも、会社とはバーチャルなトレーニングができる場でもあると考えられます。

人の雇用に関しても、また部下との関係についても、**個人的なリスクを持たなくて**

いいのが、会社に雇われているメリットでしょう。

だからこそ、会社勤めで学べることはたくさんある。


「学ぶとは、すでに深掘りされた何かと紐付けしていく行為である」

と、以前にジェームズ・スキナーさんから教えてもらったことがあります。

もし、あなたがゴルフを積極的にやってきたなら、

「おっ！　これ、ゴルフに似てる！」

という具合に、ゴルフの知識に紐付けしながら新しい分野を学べるというのです。

建築が専門の人はその知識に、料理を深掘りしてきた人にはその知識に、受験術を極めようとしてきた人はその知識に、新しいものを紐付けしていく。

だから、赤ちゃんより大人のほうが、学習効率が高いと言われているのです。

41
スゴイ！稼ぎ方

本業で得た知恵は、「新たなるポケット」に活かされる。

42

本業のポケットを大きくする考え方②

4つのポジションを理解する

第3章で、ロバート・キヨサキ氏が提唱する働き方の4分類（クワドラント）を参照しつつ、僕独自の考えとして、**「自分が4つのポジションのうち、どの立場にいるかを知ることが大切」**であるとお伝えしました。「4つのポジション」とは、

会社から雇われている「エンプロイー（E）」。
Eの人たちを束ねる社長「セルフエンプロイド（S）」。
ビジネスの場を提供する「ビジネスオーナー（B）」。
お金を供給する投資家「インベスター（I）」。

の4つでした。これまでのお話で、副業においては、このうちのどのポジションに立つかが重要であるか、ということについては、すでに説明した通りです。

この章では、**「E」の立場の人（主に会社員）が、本業のポケットを大きくするた**

めにはどうしたらいいのか、僕独自の考え方を205ページまで紹介していきます。

まず、知っていただきたいのは、この4つのポジションにいる人は、当然、「やるべき仕事」が異なるということです。

「E」の「働き方」をしている人の数が圧倒的に多いので、その「価値観・見え方」が常識のすべてのように感じてしまい、「S」「B」「I」の人たちの行動や言動が「非常識だ！」と目に映ったりする可能性があります。

たとえば、「E」の人が「社長はいいよな、いつもゴルフばっかりで」とやっかむ。

社長は、取引先の社長とゴルフをすることで、「社長がやるべき仕事」「社長にしかできない仕事」を進めているのです。

あるいは、「部長はいいな～。朝から新聞を読んでいればいいからなぁ」と思えても、当の部長さんは「ビッグE」として、最新の市場動向や競合情報をつかんで、戦略を練るための情報を入手しているのかも知れません。

「俺もいつか部長になって、朝からのんびり新聞でも読みながら、お茶をすすって……」と思っている人は、部長にはなれないのです。

表現を変えれば、この**「ポジションが違う」ということは、「働き方が違う」**ということで、たとえるなら、やっているスポーツが違うということ。

42

スゴイ！稼ぎ方

働き方が違うと、やるべきことも常識も違う。

野球選手が、どんなにバッティングを極めても、サッカーはうまくなりません。

「E」の人が「E」の仕事を極めても、永遠に「S」にはなれないということです。

いや、認識を変えていかないと、「ビッグE」にすらなれないかもしれません。

「本業で、いずれは『ビッグE』になりたい」

「本業で学んで、いつかは起業して『S』になりたい」

「副業で、『B』になりたい」

と考えるのは自由ですが、**働き方が変わると、見える景色も違ってきます**。

自分から見える世界を「1カメ（カメラ）」と呼ぶなら、相手から見える世界は「2カメ」です。第三者から見える世界は「3カメ」で、過去から見える世界が「4カメ」、未来から見える世界が「5カメ」、あの世から見る世界を「6カメ」……。

各々のポジションの人たちが何を考え、どんなことを大切にしているか、そこに興味を持ってください。

43

本業のポケットを大きくする考え方③

行き詰まる人のパターンを知る

「E」の立場の人が成長する過程で陥りがちな「落とし穴」について、もう少しお話ししましょう。ここでは、営業職を例にあげて説明していきたいと思います。

学校を卒業して入社したての新人営業マンは、当然、右も左もわかりません。

最初は、営業としてのマナーを覚えたり、所属するチームに馴染んだりするので精一杯でしょう。とにかく、無我夢中で与えられた仕事をこなしていくしかありません。

言われた通りにやっているのにうまくいかない。偶然、うまくいっても「何が原因でうまくいったのか」が理解できないこともあるでしょう。

「なんで自分はうまくいかないのに、先輩たちはうまくいくのかな？」と悩みます。そこから抜け出すための王道パターンは、先輩たちの仕事ぶりを真似ること。

これが1つ目の気づきです。ただし、「落とし穴」の予兆とも言えます。

先輩を参考にしているうちに、業績が上がり、自信がついてきたところで、部下ができて、2人1組のチームを組まされたとしましょう。

どうやって育てたらいいのか。一番手っ取り早いのは、「自分と同じことをさせる」。

そう、**今度は部下に自分を真似させる**のです。

「自分のノウハウを部下にシェアする。もう1人部下ができたら、同じようにシェアする。こうしてデキるメンバーを増やしていったほうが、効率的だ！」

これが2つ目の気づきです。ここにも、「落とし穴」の兆しがあります。

自分が現場で得た知識や知恵を、これから現場で活躍して欲しい人に伝える。

「自分の分身を増やす」と言ったほうがわかりやすいかも知れません。

ここで、いよいよデキる営業ほど陥りやすい「落とし穴」が待っています。

それは、**自分のやり方を絶対視して、部下に押し付けてしまう**こと。

特に、自分がスーパー・プレイングマネジャーと言えるくらいに業績を上げている人ほど、はまりやすいのです。

「どいつもこいつも仕事ができない！」

「チームの目標売上の半分は自分が作っている！」

「言った通りに、なぜやらない⁉」

ですが、そもそも、「モノを売る」ことと「人を育てること」では、「働き方（仕事の中身）」が違います。このことを端的に言い表しているのが、

「無能な部下はいない。その人の特性を活かせない無能な上司がいるだけだ」

という言葉。

雇用が増える限り、組織は無限に拡大していくわけですが、そのときに**「部下の特性を活かす」ことこそが、中心軸に据えられるべき**考え方です。

「部下は無能」と思っているのはあなただけで、上司はあなたのことを、「人を育てられないリーダー不適格者」と思っているかも知れません。

なぜ、多くの人がこの落とし穴にはまってしまうのでしょうか？

それは、「自分が構築したやり方がすべてである」という狭い常識を作ってしまうから。

自分のやり方をハンコで押すように、コピー&ペーストすることで足し算や掛け算をすれば、部下も成果が出せるはずだ、と考えるところに原因があります。

かつて日本が製造業で成功したような、**画一的な人材を育てるやり方では、今は通じない**のです。

僕自身も、落とし穴にはまった1人でした。

起業したばかりの頃、周りの人を雛形にはめ込もうともがき、気がつくと周りに人がいなくなるという苦い思いを経験しました。

そういう経験を経て編み出したのが「小山《こやま》作戦」です。

部下が負荷なくできそうなことを提案し、自信をつけてもらう。

「高い山を目指せ！」とは言わず、「あの丘に登ってみよう！」と提案するのです。

「あっ、あれなら登れそうです」

「すごいじゃん、できるじゃん」

「よし、じゃあ、次はあれを登ってみよう」

というふうに、小さな山から登らせて、できたら褒めて、自信をつけさせるという作戦です。

山本五十六の名言「やってみせ、言って聞かせて、させてみせ、ほめてやらねば、人は動かじ」そのものを目指しました。ちなみに、この名言には続きがあるようです。


「話し合い、耳を傾け、承認し、任せてやらねば、人は育たず」

「やっている、姿を感謝で、見守って、信頼せねば、人は実らず」


人を育てるには時間とエネルギーが必要です。


「なんでできないんだ?」

「この人はチカラがない!」

と切り捨てるのは、誰にでもできます。

「ビッグE」にとって一番大切なことは、「人を育てる」という仕事です。

ここには、たくさんの学びがあるのです。

43 スゴイ!稼ぎ方

「ビッグE」で成功する条件は、人を育てられるかどうか。

44

本業のポケットを大きくする考え方④

トップリーダーへのステップ

「小粒だったe」の自分が、経験により「E」に成長する。

次に、人を育てる「働き方」を学ぶと、「ビッグE」になります。

さらに、「S」に進化するためには何が必要なのでしょうか？

実のところ、**「E」と「S」はまったく違う「働き方（仕事の中身）」**なのです。

すでにご説明したように、まったく違うスポーツをやるようなものです。

ですから、同じくスポーツでよく言われる、「名選手、必ずしも名監督にあらず」だということを、まずは知っておいてください。

なぜ、「名選手＝名監督」は成り立たないのでしょうか？

卓越したセンスで選手として活躍した人は当然、自分のやり方を標準化したくなります。そこに落とし穴があることは、すでに説明したとおりです。

そもそも、「S」は、「ビッグE」を束ねるのが仕事。

束ねる者を束ねる者たちを、最終的に束ねるのが「S」、すなわちトップリーダーの仕事ですから、自分のやり方を標準化してもうまくいかないのは、当然ですよね。

たとえば、あなたが育てた部下がさらに成長して、部下を持つマネジャー職に就くと、だんだん個性が出てきます。

この個性は「灰汁《あく》」と言い換えることもできます。

最初、従順だった彼らも、「ビッグE」になれば、当然のごとく「主義主張」を口にするようになってきます。

よくも悪くも、これは個性の発露です。

ある人は、自分の直属の上司に気に入られていることをタテに勢力を拡大し、また、ある人は自分の力を過信しワガママを通し始めることでしょう。

「S」はこれらの〝猛者〟をまとめるのが最大の仕事になります。

そして、個性ある彼らを1つの方向に向けてカタチ付け、チーム全体を大きな成果へ導かねばなりません。

「E」の世界では、スキルを深掘りすることが優先される「タテ展開」が重視されるのに対し、「S」には人間性の幅を広げる「ヨコ展開」のほうが求められます。

鍛えるべきスキルが、まったく違ってくるのです。

山﨑拓巳が考える「E」「S」「B」「I」の関係

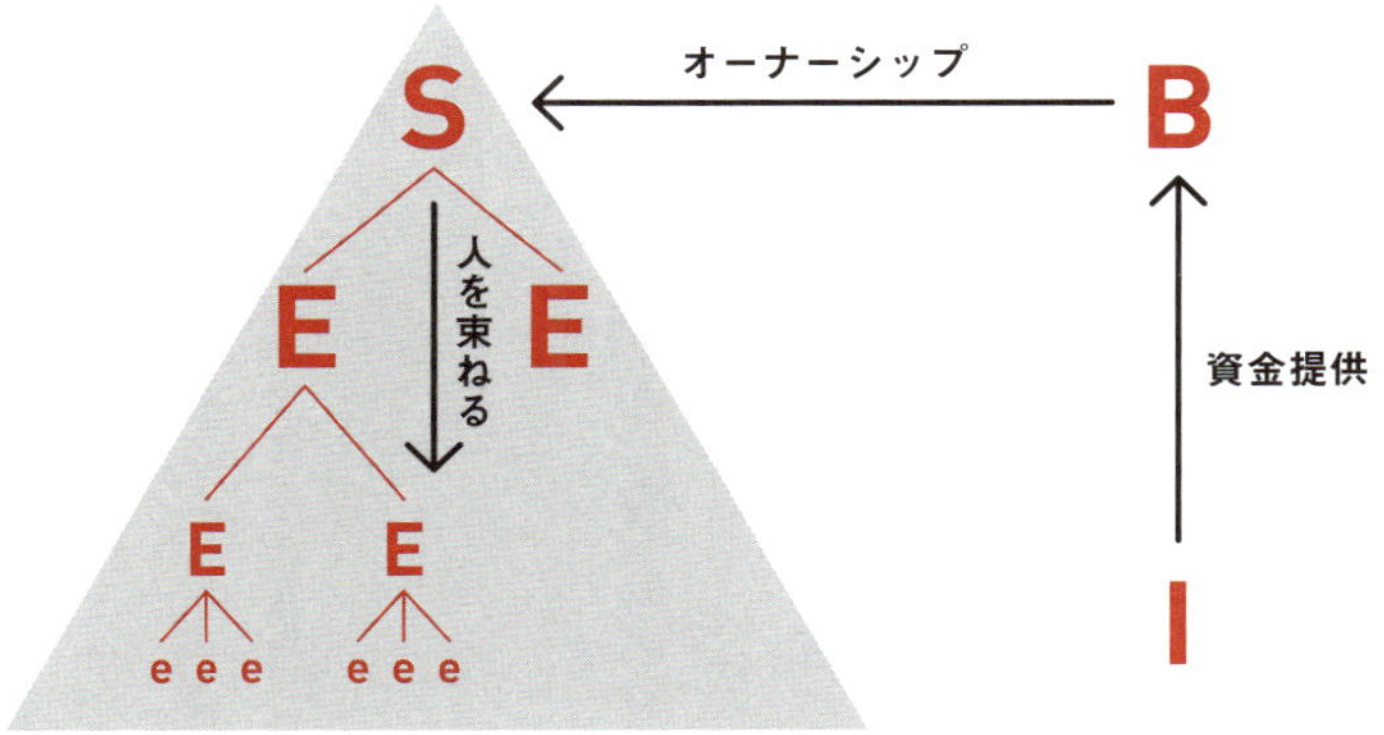

「ビッグE」を率いるだけでなく、**「ビッグE」が率いるチーム間の調整も、「S」の重要な仕事**です。

たとえば、戦争のさなかに、「陸軍のいいなりにはなりたくない」と海軍が意地を張ったなら、敵国への勝利はおぼつかなくなります。会社でも、「なんで営業部にそんなことを言われないといけないんだ」と宣伝部が意地を張り始めると、組織はギクシャクし始めます。

「人」同士のみならず、**「部署」同士、チーム同士の不協和音は、人が集まれば必ず起きる現象**なのです。

だからこそ、1人ひとりの「ビッグE」を、そして、彼らが率いるチームを上手に競わせながら、チーム全体に「和」と

「求心力」を作り出すことも、「S」の仕事となるのです。

では、「S」が、高い位置から全体を俯瞰《ふかん》して、未来を見すえながら、猛者たちを導いていくために、どうやって、人としての幅を広げればいいのか。

その1つの方法が、ロールモデルになりそうな先輩たちと一緒にいる時間を作って、彼らから学ぶことでしょう。

「判断の基準はなにか?」

「どんなことを大切にしているのか?」

「どんな距離感を持って人と接するのか?」

など、学ぶべきことは山のようにあります。

現場は、目に見えない、「人の気持ち」の集合体として動いていています。

大切なのは心理学です。人間の心理を理解し、組織全体を動かしていく。

ときには、**人の虚栄心も、嫉妬心も、成長欲も理解して動く**必要があります。

44

スゴイ! 稼ぎ方

トップリーダーになるには、全体を俯瞰し、心理学で人を動かす手腕が必要。

45

本業のポケットを大きくする考え方⑤

俯瞰位置を最速で高くする方法

前の項で、「俯瞰位置を高めるには、俯瞰位置の高い人と一緒にいる時間を増やす」べきとお話ししました。

次に、**僕の事例をもとに、その具体的な方法**を詳しくご紹介したいと思います。

僕が起業した20歳の頃、「この人はスゴイ！」と思ったメンターは、自宅から100キロほど離れたところに住んでいました。

当時は高速道路がなく、渋滞時には車で3時間もかかったものですが、メンターである先輩のもとに、足繁く通いました。その時々の自分の状況を説明して、

「こういうときには、どうしたらいいですか？」

と1つひとつ質問します。

先輩が答えやすいように、いくつかの選択肢もあわせて用意しました。

「そういうときは、こうするんだよ」

と、さすがは経験者ですね。先輩は即答してくれます。

俯瞰位置の高い人は、**たくさんの選択肢のなかから、最適な解決法が瞬時に見えるんです。**

正解だけを聞いて、その通りにやるだけでは、僕はただの伝書鳩になってしまいます。それでは学びになりません。

なので、さらにツッコんで、その選択肢を選んだ理由を聞くわけです。

「どうして、この状況のときには、その方法がベストなんですか?」

「拓の言う通り、その状況では、AとBとCという3つの選択肢があるよね。Aはリスクが大きすぎるし、Bだと時間と金がかかる。だから、Cを選択するのがいいんだ」

「なるほど、よくわかりました。ではもし、こんな別ケースが発生したら、そのときは、Cを応用したDという選択肢でいいですか?」

「いや、その場合にDをやってしまうと、世話になっているあの人の顔をつぶすことになる。その場合の正解はEになる……」

「なるほど。もし、お世話になっている人がそれを気にしない人だったら、Dという選択肢でよいですか?」

「いや、ちょっと待て。それだと、周りからはオマエ1人がスゴイと思われて終わりだ。それだといつまでたっても、部下が育たないだろ。だから……」

こうやって、先輩の答えを鵜呑みにせず、**条件を変えては、どの選択肢が選ばれるのかを検証して**いきました。

選択する基準は何なのか、優先順位はどうなっているのか、ということをすり合わせて学び続けるなかで、想定外の選択肢があることなど、人としての判断の幅の広さを学ぶことができました。

それには、膨大な時間がかかりました。

僕は、陸上競技をやっていた高校時代に、強い学校の選手に交じって練習すると、自分もレベルアップできることを、直感で理解しました。

単に練習方法を学び、やるだけではダメだと思い、「どんな意図でこの練習をやるのですか？」とコーチに聞き、練習の向こう側にある〝カラクリ〟を学びました。

たとえば、試合前の調整練習と普段の練習は違うし、冬の練習と春の練習も異なります。「なぜ、これをやるのか？」の背景にある「コーチの思考」を盗まないと意味がないと気づいたのです。

もし、あなたが高校生だとして、文化祭で「ガムテープを買ってきて！」とリーダーに言われて、ただ買ってくるだけなら、永遠に「パシリ」です。

会社組織で言えば、上司に言われたことをただこなすだけなら、「歯車」の域を出ることはできないでしょう。

「ガムテープはなんのために必要なの？」と理由を聞く。

「模擬店のドアのこの部分に必要なんだ」とわかると、自分は主体者（主人公）になってガムテープを買いに行くことができますね。

自分の俯瞰位置を最速で高くする方法。

それは、**ツッコんだ質問で、メンターの「思考」を盗む**ことです。

45

スゴイ！稼ぎ方

俯瞰位置を高めるために、俯瞰位置の高い人の「考え方」を知る。

46

本業のポケットを大きくする考え方⑥

業績以上にコミットすべきもの

「S」はトップリーダーとして、「組織を率いて、全体が掲げる目標を達成する」というコミットメントをしています。

実はそれ以外にも、大きなコミットメントがあるのです。

業績を上げる以外のコミットメント……。

それは、「組織を構成するみんなの人生に対するコミットメント」。

「メンバー1人ひとりの人生を素晴らしいものにする」という覚悟が求められます。

生きているといろんなことがあります。

心を壊してしまう人もいれば、家族が病気になったり、失恋や離婚……。結婚や子どもの誕生や受験、介護の問題と多種多様な環境の変化や事件、問題が起きてくるのです。「人生をサポートする」という姿勢こそ、「S」に求められるものであり、メンバーからの惜しみない組織への貢献を手に入れることができます。

たとえば、部下が業務上のトラブルに巻き込まれたときには、弁護士など、専門知識に精通する協力者を探すこともあります。これは、当然の役割ですよね。

また、部下やその家族に病気で悩んでいる人がいたら、病院や医師を紹介したり、その前段階で、治療に関する情報を集めることもあるでしょう。

こうしたことを通じて、「S」の人間としての大きさが試されます。**トップリーダーの人間としての幅が、組織の大きさを決める**のです。

また、**「S」の役割として、「目標を設定する」という大きな仕事**もあります。

目標が決まることで、メンバーは組織と自分の現在位置を知ることができるのです。

現状と目標のギャップが明らかになり、それをどうしたら埋めることができるのか、メンバーが考えて動き始めれば、組織は一気に機能的な集団へと変貌を遂げます。

目標のなかには、利益の追求も当然含まれます。

みんなが各々の力を発揮し、会社組織全体として付加価値を生み、そこから人件費を賄い、社員の生活を支えることができます。

そのうえで残った利益によって組織は存続し、維持・発展することができるのです。

かつては、封建的なタテ社会だった日本の組織のあり方は、大きく変わりました。**世の中の大きな流れはヨコ社会**。そこで重視されるのは仲間意識であり、小さな集団に権限が委譲されたアメーバ的な組織が主流となっていくでしょう。「One for all, All for one」という概念が時代の基本となります。

マザー・テレサは「愛の反対は無関心」と言いました。ひっくり返せば「無関心の反対が愛」であり、無関心の反対は「関心を持つ」です。

関心を持つことが、愛の具現と考えることができます。

社員1人ひとりの人生に興味を持つことで、組織内の愛を実現することができます。関心を持って、人の心の喜びや悲しみや痛みを知り、各人を認めることで「承認欲求」が満たされます。

利益を追求する組織を支える大きな力は「愛」なのです。

46

スゴイ!稼ぎ方

人の上に立ったら、愛をもって、部下の人生にコミットする。

コラム

定年退職制度に惑わされるな

組織の中でどんなに出世しても、**行く末には「定年退職」というゴールが待っています**。

「お勤め」は終わるのですが、「人生」はまだまだ続くのです。

そもそも、なぜ、定年退職は60歳なのでしょう？

かつて、**企業は社員に、「年功序列」と「終身雇用」を約束**していました。

「年功序列」とは、「長く勤めれば、年齢に合わせて給料を上げていきますよ」という約束のこと。「歳をとれば自動的に給料を高くしていきますから、若いうちは少し安い給料でも我慢してください」と考えることもできます。

「終身雇用」のほうは、文字通り、「最後まで雇いますから安心してください」という意味です。

ただ、仕事ができない歳になっても雇い続けるわけにもいきません。日本では明治時代に海軍が設立した火薬製造所で55歳が定年と決められ、それが民間企業にも広がり、法律もできました。長く55歳定年制が続きましたが、平均寿命が伸びたことに呼応して、1994年に法律が改正されて、60歳が日本の定年になったそうです。

しかし、高度成長が終わり、バブルもはじけると、まず「年功序列」がなくなりました。

「終身雇用」も、高い人件費負担を続ければ会社がもたない、ということで、「リストラ」の名のもと、中高年の社員の解雇をするようになって崩壊しました。

早期退職を勧める企業も、退職金が支給されない企業も多くなりました。

それなのに、過去の制度の遺物である**「定年退職」だけが、しぶとく生き残っているのが現代の会社の実情**です。

ところで、あなたは次の話を聞いて、どう思いますか？

檻《おり》のなかにサルが４匹います。

檻の真ん中にハシゴがあって、その上にバナナが吊るされています。

1匹が、「あっ、バナナだ」と気がついてハシゴを登ると、ジャーって天井から冷水が頭に降ってきます。すべての猿の頭に。

4匹のうち、1匹だけが新たなる猿と交換されます。

この猿は冷水をかぶった経験がないので、当然、梯子を登りバナナを取ろうとします。

その瞬間、**その他の3匹が「キィ!!!」と叫び、登ることを阻《はば》みます。**

恐れた猿は梯子を降りるのです。


新たな猿が交代で入りました。

梯子を登ろうとして「キィ!!!」と阻まれます。

そして、新たな猿が……。


これが4回繰り返されると、4匹目の猿が梯子に向かいます。

梯子を登ろうとするとその他の3匹が「キィ!!!」と。

このとき、**「キィ!!!」と叫んだ3匹のなかで、冷水を浴びた猿は1匹もいない**

のです。

各々、なんで「キィ！！！」と叫んでいるか、本当はどの猿もわからないのです。

が、しかし、確実に「キィ！！！」と叫ぶのです。

ここまで紹介したのは、**「ルールはこうやって作られる」というたとえ話**でした。

同じように、「60歳で定年」も幻想だったのではないでしょうか。

「年功序列」や「終身雇用」と同じように、雇う側の会社が「この制度、本当に意味があるのかな。やめようか」と言い出したら、**「定年退職」という制度もあっという間に消えてなくなる**かもしれません。

人生100年時代の今、定年退職というあやふやな制度に惑わされることなく、お金のポケットをたくさん持つ、自由で自立した人生を目指したいものです。

第５章　まとめ

- 「本業のポケットを大きくする」には、「E」「S」「B」「I」の仕事の違いを知り、１つ上のポジションを目指す。
- 「本業のポケットを大きくする」には、部下を自分のコピーにせず、長所を見つけて育てる。
- 「本業のポケットを大きくする」には、現場を俯瞰できる目を持ち、人の心理を理解して動かせるようになる。
- 「本業のポケットを大きくする」には、俯瞰位置の高い人に密着して、その「思考方法」を盗む。
- 「本業のポケットを大きくする」には、人に大きな愛を持って接する。

第6章

そもそも「稼げる人」って、どんな人？

第６章のテーマは、「『稼げる人』って、どんな人？」です。

ここまで、お金のポケットを増やすための思考法や着眼点について紹介してきました。僕の原体験についても、披露させてもらいました。

本書の締めくくりとして、この章では、そもそも「お金を稼ぐことができる人」って、どんなタイプの人なのかについて、お話ししたいと思います。

この章を読んで、あなたもぜひ、「お金を稼げる体質の人」になってください！

47

「稼げる人」のタイプ①
いい人間関係を築ける人

僕が20歳でビジネスをスタートしたとき、最初はまったくうまくいきませんでした。

そして、衝撃的なことに気づきます。

それは、**「僕は好かれてない！」ということ**でした。

「あなたの考えは間違っている」

「これはこう考えるべきだ」

と周りを論破し、議論には勝ち続けましたが、仲間はどんどん離れていきました。

当時の僕は、「正しいことを伝えればいいんだ」と思っていたために、共感してくれる人を集めることができなかったのです。


その後、偶然の産物ですが、「良好な人間関係」を築く機会に恵まれると、ビジネスはうまく動き始めました。

「なるほど！　**仲良くなることが一番大切なんだ。自分を好きになってもらうことが**

重要なんだ」

と気づいたのです。

この「良好な人間関係」は仕事の場面を通じてだけではなく、むしろ、**それ以外の時間に、いかに相手に貢献していたか**で決まっています。

普段から相手の役に立ったり、喜ばせたり……。

人に対して貢献することの大切さを知りました。

では、「普段からの相手への貢献」ってどうすればいいのでしょう?

「貢献の3S」という言葉を友だちの女性から教えてもらいました。

それは……、

「最小の努力」で、

「最高のタイミング」で、

「最大の結果を生むもの」をやる、

ということでした。

「1分あったら、1人の人を喜ばせることができる」と彼女は言います。

1日10分、誰かに貢献する時間を持つならば、1年後、まったく違う人生になっているることでしょう。

どんな小さなことでもいいのです。

「昨日はありがとうね」

のメール1本でもいいのです。

「どんなお仕事をしているんですか？」

と相手の話を傾聴することで、幸せな気持ちにすることだってできます。

「昨日、同じパーティーに出席していましたよね。遠くからだったのでご挨拶できませんでした。また、お茶でもよろしくお願いします」

こんな1本のメールが、ご縁を繋いでくれることもあるのです。

ほかにも、**人に貢献する言葉には、さまざまなバリエーションがあります**よね。

「昨日のお話、めちゃくちゃ楽しかったので、またすぐに会いたくなりました」

「先日のお話ですが、ここに面白い記事がありました。https://www.……」

「ご馳走さまでした。美味しかったです。友だちも大変喜んでいました……」

こうして貢献を続けていけば、いい人間関係を作ることができます。

そのためには、**「良いと思ったこと」や「美味しいお店の情報」を、どんどん人に伝えるクセ**をつけましょう。

そうすると、「あの人からの情報はいつも自分に有益だ」と思ってもらえます。

1分で貢献できる。

1分で人を幸せな気持ちにできる。

さっそく始めてみてください！！！


僕は、仲間内でこうした活動を「ギブ教育」と呼んで、流行らせています。

47
スゴイ！稼ぎ方

普段から人に貢献して、「よい人間関係」をたくさん作ろう。

48

「稼げる人」のタイプ②

信頼されている人

友だち同士で旅に出るとき、常に割り勘をするのは面倒だということで「みんなの財布」を作ったりします。

最初にみんなで同じ金額を出し合って、1つの財布に入れる。

支払いは全部、そのサイフから済ませれば、割り勘したのと同じ状態になります。

さて、この「共通サイフ」。いったい誰が持つのでしょう?

たぶん、メンバーのなかで、「アイツなら、不正はしない」って、信頼できる人間に、そのサイフを預けると思います。

これが、実は世の中の大原則なんです。

つまり、**「周りから信頼されている人」には、自然とお金が集まる**のです。

銀行が事業資金を貸すのは、信用できる経営者と個人事業主だけです。

あなたも、不動産や自動車など、高い買い物をするときは、自分が信用できる会社から買いますよね。

レストランだって、寿司屋だって、イタリアンだって、「ここだったら大丈夫！」と思う店に行きますね。

編集者が本の執筆を依頼するのは、「この人なら、締め切りを守って、売れる本を書いてくれる」と信頼できる作家でしょう。

投資家だって、信頼できる銘柄に投資します。

では、どうやったら、「周りから信頼される自分」になることができるのでしょうか？

これがまた、日頃からの行いが大事。信頼というものは、**小さなジャッジ、小さな行動、小さな発言、小さな思いやりが積み重なって**作られていきます。

「何か手伝えることがあったら、言ってくださいね」

「近くに来たので、顔を見にきました」

「結果はダメだったけど、どれぐらい頑張ったか知っていますよ」

「おめでとうございます。とってもうれしいですね」

こうした小さな声がけが、あなたの信頼を作っていきます。


僕の友だちで、世界で活躍するタイ人の女性に、こんな質問をしてみました。

「リーダーは育てるもの？　見つけるもの？」

彼女は、

「両方とも正しいけど……」

という前置きの後、こんなたとえ話をしてくれました。


「もし、私が病院を作るなら、どうやっていいドクターを獲得すると思う？」

もし、1からドクターを育てるなら、優秀な高校生に奨学金を出す。すると、10年後に彼らはドクターとして私の病院に戻ってきてくれる。

でも、このやり方は時間がかかるでしょう。

すでに活躍している現役ドクターに声をかけるとしましょう。

私が作った新しくて小さな病院に優秀なドクターは来てくれるかしら？

「なぜ、この病院を作ったのか？」

「なぜ、あなたにお声がけしているのか？」

「将来、どんな展望を考えているか？」

を話し、**共感が得られた場合のみ、優秀なドクターが病院に来てくれる**ことになる。

そして、これがもっとも即効性がある。彼女は、

「私なら、時間をかけたくないので、こちらの方法を選択するわ」

と教えてくれました。


「なぜ、これをやっているのか？」

「なぜ、あなたを必要としているのか？」

「これからのビジョン、展望はいかなるものなのか？」

こうした**質問にきちんと答えられるような「キーワード」を持つ**ことが、信頼を得る近道なのです。

48
スゴイ！稼ぎ方

周りから信頼される人になる。

49

「稼げる人」のタイプ③

直感を大切にする人

「直感を大切にしなさい」

とメンターに言われたとき、少し恐怖を感じました。

理論的な裏付けなしに浮上する「直感」という存在を信じるには、「直感を信じてよかった」というういくつかの成功体験が必要です。

筋反射というジャッジ方法があります。

「Oリング」という言葉を知っている人もいるのではないでしょうか?

質問を投げかけ、筋反射によって答えを導き出すという方法ですが、このOリングの面白いところは、深層意識と筋肉はつながっていて、深い部分からの答えを導き出せるというところにあります。

逆に言うと、**僕たちはすでに体験してしまった過去に縛られて、本来の答えを導き出せなくなっている**ということです。

既成概念や、すでに知ってしまった情報によって惑わされ、**本来、深い部分が知っている「答え」を遠ざけている**のです。


直感を信じるには「心の中の小さな声」に傾聴していく必要があります。

あなたの中の「エスパー性（超能力）」を信頼して欲しいのです。

そのために一番いい方法は、**「『諦めない』を決める」**こと。

諦めてしまう人はチャレンジの前に、「ダメだったら諦めよう」と決めてかかっています。

目標を設定し、「なにがなんでもやる！」「どんなことが起きようと諦めない！」と決めて挑んでください。


やってみたら、ダメだった。

オッケー！！！

この方法では、ダメだってことだな！

今月、目標を達成する、諦めないってことは、決まっているんだ。

他の方法にしよう！

「さっ、次だ！」

という姿勢でトライが始まると、意識は雑音を消し、研ぎ澄まされていきます。

周りから見ると「今、大変な状況にいるみたいだね」と映るのかもしれませんが、本人は「狂気の中の静寂」に触れている状態です。

荒れ狂う嵐の中、自分だけシェルターの中の穏やかな世界にいるのです。そして、

「ん⁉　○○さんに会ったらいいかも？」

「あっ！　きっと明日は流れが変わる」

「えっ？　わかった！　わかった！」

という**直感に突き動かされて、次から次へと行動できるようになる**でしょう。

きっとあなたも、過去の人生を振り返ると、偶発的かもしれませんが、こういった境地に至ったことがあるはずです。

それを意図的に体験する方法が、「『諦めない』を決める」ことなのです。

「なんで、そんなことが……」「どうせやっても無理だよ」などと嘆いているときは、本気じゃないのです。

追い込まれ、最後の決断が迫られたとき、「やるのか、やらないのか」……そして「や

る！」という答えが出ると、目の前の景色が変わる。

まるで時代劇の合戦のシーン。

スローモーションのようにすべてが進み始め、カンが的中し、第六感が働き、何もかもが、カチリカチリと美しくはまっていく。

要は「受け入れる」までが大変なんです。

受け入れてしまえば、魔法の時間が始まるのです。

目の前にはヒントやメッセージが溢れます。

あなたの心は感謝で溢れます。

すべてがベストなことなんだ、必要必然なんだと気づきます。

目標に向かって真っすぐに行動し、**直感を大切にし始めると、「深層意識→直感→判断」という経路が太くなり**、あなたを迷わす要素が自然と減っていくことでしょう。

49
スゴイ！稼ぎ方

直感を味方につける！！！

50

「稼げる人」のタイプ④

情報を持っている人

あるプロデュース会社の人と、次のような会話をしたことがあります。

「なんで○○さんが店をプロデュースすると、必ず当たるんですか？」

と質問すると、

「僕たちは、実は、わかっていないのです」

とアッサリ返答をされました。そして、

「でも、**次の流れをつかんでいるお客さんがいて、その人に聞くと未来が見えるん**です」

という続きがあって、驚かされたことがあります。

お客さんの中に、時代の流れを感じ予感させる人がいる。そのお客さんに、

「今、どこのお店が面白いですか？」

「なんで面白いと思うのでしょうか？」

とインタビューすることで、未来が見えてくると言うのです。

僕にも、常に面白い情報を運んでくれる仲間がいます。

未来が見えている仲間もいます。彼らとは定期的に会って、

「今、何にフォーカスしてるの？」

「最近の気づきは何？」

と聞くようにしています。

これが、お互いの「アップデート」だと僕は思っています。

「これからは、○○が来ますよ」

「もっと、このあたりを知っておいたほうがいいですよ」

という「深掘りポイント」を教えてもらえます。

「この本がいいですよ」

「この映画がいいですよ」

と今の時代を生き抜くためのヒントをもらっているのです。

知り合いの著名なプロデューサー（女性）は、次のように語っていました。

「『これが気になるな！』って思ったことはまず、調べてみる。

そのジャンルに詳しい友だちに聞いてみる。

そうすることで、情報が集まり、そのジャンルに関する『頭の中の資料箱』が少しずつ埋まってくる。

箱から思考が溢れ出したとき、そのジャンルのプロデュースができるようになるんです」

こういう思考が始まったのは大学生の頃からだった、と彼女は語ります。

「お祭りで、入れるお店がなくて……すると友だちが『あの店だったら絶対ガラガラよ』と言い出して、行ってみると本当にガラガラだった。

そのとき、友だちはおしゃべりに夢中だったけど、私は『なぜ、この店はこんなにガラガラなんだろう』とその理由を指折り数え始めたんです。

1つ、店の入り口がわかりにくい。2つ、店が暗い。3つ、メニューが読みにくい……」

この「なぜ?」を数える指折りの本数が多い人が、プロデュースできる人になれるんだ、と彼女から学びました。

普段から「自分に関係ある・ない」にかかわらず、「頭の中の資料箱」を少しずつ埋めていきましょう。

それを推し進めていくチカラは、「好奇心」です。

「なぜ？」「だから○○なんだ」と考えることを、「なぜに、ゆえに」の法則といいます。

自分自身でその疑問に対して決着をつけ続けることが、「頭の中の資料箱」を増やし、埋めていくことにつながります。

また、知っている情報と知っている情報がつながっていくことで、世界が広がります。**点と点がつながって線になり、線と線がつながって面になっていく**のです。

「えっ？　ということは、えっ……わかった！！！」

と新しい世界が広がる快感はたまりません。

こうした気づきは、1人の頭の中だけでやるよりも、複数の仲間たちとの会話の中でさらに起きやすくなります。

50
スゴイ！稼ぎ方
情報が集まると、未知な世界を覗き見できる。

51

志を持っている人

「稼げる人」のタイプ⑤

孫文に、資金を提供し続けた日本人がいます。

中国で「革命の父」と呼ばれている孫文《そんぶん》。その孫文に、資金を提供し続けた日本人がいます。

その名は、梅屋庄吉《うめやしょうきち》。

実業家で、あの映画会社「日活」の創業者の1人です。

この梅屋さん、香港で孫文と出会い、彼が主導した「辛亥革命《しんがいかくめい》」を資金面で支えるんですね。

いっとき、孫文は日本に亡命したことがあるのですが、そのときも、梅屋さんは彼を支え続けました。

その支援金は、現在の日本円にして1兆円とまで言われています。

梅屋さんなしには、今の中国がなかったといっても過言ではない人なんです。

梅屋さんが、ここまでして孫文を支援した理由は、彼の「祖国を取り戻して、苦しんでいる人民を救いたい！」という「志《こころざし》」に惚れたから。

梅屋さんは、孫文の「心意気」にお金を出したのだと思うのです。

このように、**「志」を持っている人には、お金が集まります**。

本書の第3章で紹介した投資家の竹田和平さんの例を見てもわかるように、志を持つ人のところにお金も人も集まるのです。

「世の中を良くしたい」

「世界を良くしたい」

そんな心の欲求が、人を動かし、世の中を動かしていくのでしょう。

投資家とは、お金を投資するだけではなく、人生観を伝え、世界観を伝え、人を応援していく人なのです。

そんな心はあなたの中にも存在します。

「もっとこうだったらいいのにな〜」

と**おぼろげながらに感じる自分の中の理想をつかまえて培養し、拡大して**みる。

「世界が平和だったらいいのに」

「みんなが助け合えばいいのに」
「食糧危機の前に助け合いが広がればいいのに」

この心の叫びを拡大し、世界を良くしようと動き始めるときに、たくさんの協力者が現れます。

マザー・テレサは、**「反戦集会には行きません。平和集会なら行きます」**と言ったと聞きました。

「差別反対」と言うと、かえって差別が起きやすい磁場ができると言われます。

問題を否定するのではなく、問題が解決された世界を望むことが、秘密を解く鍵となりそうです。

51

スゴイ！稼ぎ方

「夢」に「公」を足して、「志」の人になる。

52

「稼げる人」のタイプ⑥

体力がある人

僕は、**「体力」と「成功」は比例する**と思っています。

理由は簡単。僕の周りで成功している人は全員、体力があるからです。

これがもう、尋常ではないタフさなんです。

たとえば、僕が敬愛するメンター。

いくつものプロジェクトを同時にこなし、はたから見ると殺人的な量の仕事をこなしているはずなのに、いつ会ってもぜんぜん疲れていない。

それどころか、いつもピカピカに輝いているのです。

「こうなったら、いいよね！」

「もしこうなったら、笑うよね～！」

という目標に向かうパワーがすごい。

年齢を重ねても、逆に若くなっているんじゃないかと錯覚します。

旅先で、夜、遅くまでご一緒させていただき、ホテルに帰ると僕なんかバタンキューでベッドに一直線。

ところが、朝になると、素晴らしい文章で書かれたそのメンターからのメールマガジンが届く。

昨日の出来事が写真付きで、ありありと綴られているのです。

「えっ！　あの後に、この文章を書いたんですか⁉」

と驚かされるのです。

僕も体力はかなりあるほうなんですが、成功者のみなさんはもっとスゴイのです。

体力以外にも感心するのが、「その場を楽しむチカラ」のすごさ。

楽しんでいるので、疲れないということもあるのでしょう。

楽しむチカラの大きさは、好奇心の強さとも言い換えられます。

健康に対するリテラシーも高いです。

睡眠の質も、健康に関する習慣も、ストレスとの向き合い方なども、重要な課題だと認識しているのでしょう。

体を構成する「水、空気、栄養」に対する最新の知識も仕入れていて、それらをより高いレベルに上げようという欲求も高いのです。

「体が資本だ」ということを、よく知っているのでしょう。


僕も最近、瞑想に注目しています。

目を瞑《つむ》り、自分自身の心と向き合うことはとても意味ある時間となります。

静かな時間、穏やかな時間が与えてくれるエネルギーはかけがえのないものです。

また、最近では笑いの効果や、祈りの効果の科学的研究も進めています。

笑うことで免疫力がアップしたり、祈ることで治癒能力がアップしたり、と驚くことばかりです。

体を温めることも、足を揉むことも良いようです。

体力が大事、と心得れば、アンテナが立ってたくさんの情報が集まります。

ぜひ、試してみてください。

52
スゴイ！稼ぎ方

「体力」と「成功」は比例する。

53

「稼げる人」のタイプ⑦

本当に恥ずかしいことは何かを知っている人

子どもの頃、父が酔っ払うと良くしてくれた話があります。

父は昭和7年生まれで、10代前半で終戦を迎えた、あの時代の日本人でした。

父は走るのが早く、地元では有名だったようです。

運動会の日、周りから期待されながら短距離走に出ました。走り始めるとブッチギリでその日も周りをビックリさせました。

ところが、履いていたフンドシが途中で、ほどけて取れそうになったのです。父は、ほどけかけたフンドシで股間を押さえながらゴールしました。

周りはみんな大笑い。

その中に混じって先生も笑っていました。

父はこういうのです。

「周りが笑っても先生は笑っちゃいかん。フンドシがほどけそうになっても立ち止まりもせず、走った生徒を褒めなければいかん！　よくぞ立ち止まらなかった、と褒めなければいけない」

といつも酔っ払いながら言うのです。

では、恥とは何なのでしょうか？

ある著名な作家は、

「人間は恥と反対方向に進む動物だ」

と語っています。

その人の進む方向は、その人が恥と感じるもので決まるというのです。

では、**あなたにとって恥ずかしいことはなんでしょうか？**

自分が成長する人間だと思っている人は「トライ&エラー」を続けて、自分を前進させていきます。

自分は成長しないと思っている人は、「すごくなれない」とわかっているから、逆に周りから、「すごく思われること」に勤《いそ》しみます。

だから、「トライ&エラー」は極力避け、他人からよく思われるように演じるのです。

ここに、失敗することが恥と思う人と、真理を追求しないのが恥だと思う人の違いがあります。

僕にも人生を振り返ってみると、「苦い思い出」というものがいくつかあります。

起業したばかりの頃、保険会社の女性営業のみなさんが集まる詰所で、実演販売をやったらいいのではと思いつき、やらせていただくことになりました。

いざ、行ってみると、彼女たちの放つ迫力に20代前半の僕はたじろぎます。

「みなさま！　今日はヨロシクお願いします！」

と元気よく話し始めますが、誰も聞いてはいません。終わったあとに、

「ありがとうございました！」

とその場を去りましたが、**あのときの砂を噛むような思い**が今でもよみがえります。

学生時代、事業が軌道に乗り、陸上部を退部するとき、同級生が円陣を組み、ひと言ずつ投げかけてくれました。

みんなの口からは吐き出された言葉は、僕の想像を裏切る罵倒の数々でした。

「違います。なぜなら……」

と説明できる余地もなく、悔しくてしゃくり上げながら泣いてしまいました。

「大人になったとき、**言われたことへの決着を必ずつける**」

と心に誓ったことを覚えています。


父とぶつかり、部屋に閉じこもったとき、母から、

「あんた、それでいいの？」

と言われ、父の前で土下座して謝った夜のことを忘れません。

「家族が一枚岩じゃなかったら夢は叶いません。今日のことは許してください。そして、**もう一度、チャンスをください**」

と謝りました。


25歳のとき、周りから人がいなくなりました。

いいえ、そんな僕でも付いてきてくれるわずかな人を除いて、周りから人がいなくなりました。

あのとき、そばにいてくれた人には今でも感謝しています。

人から拒絶される恐ろしさを知りました。それでも愛してくれる人たちの優しさを知りました。

嵐が過ぎ去り、自分の体力が戻り、**「もう一度、立ち上がれるようになるまで」と力をつけたあの3年間**が、今の自分を創ってくれていると信じています。

これらは今、思い浮かんだ僕のめちゃくちゃカッコ悪い場面ですが、**振り返ると、実は人生の名場面であった**と思います。

恥の反対方向に進んだとしたなら、何を恥だと、僕はそのときどき、考えていたのでしょうか？

本当にカッコ悪いのは、格好をつけて、チャレンジをしない自分を選択したことだと思います。

それが、僕が思う恥です。

53
スゴイ！稼ぎ方

恥ずべきことを明らかにせよ。

54

「稼げる人」のタイプ⑧

アセスメントする人

何か、新しいことに挑戦して、その挑戦が失敗に終わったとき。

世の中には、その「失敗」というフィードバックについて、2種類の反応をする人がいます。


1つは、ジャッジ（判定）する人。

もう1つは、アセスメント（評価）する人。


ジャッジする人は、「チャレンジした結果」というフィードバックに対して、「判断」または「批判」します。ですから、失敗した場合は、結果に対して自分を責めてしまい、自分を傷つけてしまう。

疲弊《ひへい》したり、チャレンジを続けられなかったり、続けても悲壮感が漂うチャレンジになってしまいがちです。

一方、アセスメントする人は、**「チャレンジした結果」というフィードバックに対して、「評価」または「情報分析」**をします。

「なるほど、こうやるとこういう結果になることはわかった。それなら、今度はああすればこうなるんじゃないか？」

って、次の仮説が生まれます。

アセスメントする人は、ガッカリしている暇がなく、すぐに次のトライアル、検証を始めたくなるのです。そうすると、次の結果が出て、その結果について、またアセスメントして、次の検証がしたくなる。

「成功の反対はなんだと思う？」

と昔、ある先輩から質問されたことがあります。

「失敗です」

と即答すると、

「違うよ。**成功の反対は何もしないってこと**だよ」

と教わりました。

「失敗の向こうにしか成功はない」

という深い教えでした。

異性も、人も、お金も、何もかもが「追いかけると逃げる」という法則があるのではないか、と僕は思います。

人間がポテンシャル以上のパフォーマンスを引き出してしまう心理状態を「フロー」とか「ゾーン」と呼び、一般的に、「数値目標」にするとフローに入りにくく、**「テーマ目標」を掲げるとフローに入りやすい**、と第2章でお話ししましたよね。

「数値目標」……たとえば、「客単価3000円を3500円に」とすると、かえって達成できない。

「テーマ目標」……たとえば、「目の前のお客さんを笑顔に」とするほうが、「客単価3000円を3500円に」という数値目標が達成されやすいのだそうです。

ジャッジとアセスメントの違いからもわかると思いますが、**目の前の現実のなかから「ワクワクを見つける」ことができる人は、高い成果を出して**います。

人は感情によって動かされている動物です。気持ちが前向きかどうかは、結果にハッキリと反映されますし、継続的な努力ができるかどうかの生命線にもなります。

僕が子どもの頃、和式のトイレに入ると足元にはいろんな色の丸いタイルが貼られていました。

そのタイルをしばらく眺めていると、「あ！　バンビだ！」「あ！　ドラえもんだ！」と少し濃い色のタイルを点に見立て、いろんなキャラクターを取り出していました。

その感覚と似ていて、目の前の現実から、驚きとともに物語を紡ぎ出すことができれば、あなたの心にスイッチが入ります。

「この世に偶然はない！」

と思った瞬間にあなたは映画の主人公になっていくのです。**すべてがメッセージと捉えられ、見ること聞くことすべてが、人生で成功するヒント**になっていきます。

54

スゴイ！稼ぎ方

あなたは物語の被害者ではなく、主人公です。

55

「稼げる人」のタイプ⑨
「知りたい」という意欲が強い人

「本当はどうなんだろう？」

と、**ものごとを知ろうとする人になると、アンテナが立った状態になります。**

たとえば、世界から見た「日本の現状」を知ることも大切です。

この先、「人口が減る」ことでどんなことが起きるのか、「食糧危機」が来たらどうなるのか……。

それらを知るためには、直近の過去である「日本の近代史」を学ぶことも大きな力となってきます。

こうした探求を続けていけば、僕たちは、「本当の生きる意味は？」というテーマにたどり着きます。これが、とても大切なことです。

このように考えることで、**「これは本当なんだろうか？」と「当たり前を疑うセンス」を手に入れる**ことができます。

「もっと、こうしたらいいのでは？」とか「本当はこっちが正解なのでは？」といった、新しいアイデアが溢れてきます。

それまで**スルーしていた情報が耳にとどまり、「それ、あるかも！」と新しい世界が開けていく**のです。

今はインターネットがあるおかげで、大きな図書館に出向く必要がなくなりました。少し興味を持って覗き見るだけで、あなたの好奇心をかきたてる情報が溢れています。

たとえば、「ベーシックインカム」について知るだけでも世界は広がります。これは、社会保障制度を縮小して、お金を国民みんなに一律に配ろうという試みです。実現すれば、僕たちの生きている間に「食べるために働く」ことから、人類は解放されるかもしれません。

話は変わりますが、ＴＥＤで話題になったジル・ボルト・テイラー博士の「『奇跡の脳』脳卒中体験を語る」という動画も、あなたの生き方を瞬時に変えてくれるものとなるに違いありません。

左脳に障害が起き、深く右脳の世界に触れたとき、こんな美しい世界があるのかと彼女は気づきます。ドクターが語る「脳と生き方」の話です。

イーロン・マスク氏も後押しする「シミュレーション仮説」も面白いです。「実はこの世界はコンピュータの中の世界だったんだよ‼」っていう説です。

日本人でありながらソマリアの海賊問題を解決した、寿司チェーンの社長さんの物語も最高に刺激を与えてくれます。「なぜ、海賊をするのか？」と問いかけ、マグロの取り方を伝授し、海賊を撲滅させたというお話です。

バシャールは『バシャール２０１７』の中で、死後の世界について語りました。認識者としての我々は死後も消えないらしいです。「自分」という感覚は拡大し、薄くなるけど、あり続けると言っています。当然、こちらの世界の価値観とは違う世界らしいですが。

肉体は朽ちるが、考えていることをそのままコンピューター上に残すことができる日が近い、という話があります。

脳に電極を刺すと、その人が思い描いているものをモニター上に映し出すこともできるようです。

クローンもあれば、人工臓器も生成できるようになっています。

あとは倫理観との戦いです。

そうなると「人はなぜ生きるのか?」という問題にぶち当たりますし、そもそも「生きるとはなんなのか?」という原点にまで戻っていきます。

もう数年すると、がんが治るだけではなく、不老不死だって可能ではないかと言う人もいますし、若返り、年齢の可逆性の科学的アプローチを見つけたというニュースも聞いたことがあります。

僕たちが最低限の生活を支える収入を確保し、それが少しばかりの欲求をも満たすことができる金額に達したならば、どんな生き方が待っているのでしょうか?

本書の第3章でおススメした権利収入によって、労働時間からの解放が可能になったら、あなたは何をして毎日を過ごしますか?

もっと世界を知ってください。
もっと日本を知ってください。
もっと自分を知ってください。
もっと真理を知ってください。

今世《こんせ》のあなたは、何をしにここに来たのでしょうか？
どんなことにワクワクするのでしょうか？
制限がないならどんな生き方がしたいですか？
本当はどんな自分でありたいのですか？
あなたが心の中で宣言した瞬間に世界は変わります。
さあ、宣言してください。
「私は私らしく生きる」と。

55

スゴイ！稼ぎ方

凄いことはアッサリ起きる。

第6章　まとめ

- 「稼げる人」は、周りから信頼されていい人間関係を築ける。
- 「稼げる人」は、直感を大切にして味方につける。
- 「稼げる人」は、次のトレンドについての情報を持っている。
- 「稼げる人」は、世の中を良くしたいという志を持っている。
- 「稼げる人」は、体力があって健康へのリテラシーも高い。
- 「稼げる人」は、恥とは何かを知っていて、それとは反対方向に進んで自分を磨き上げる。
- 「稼げる人」は、常に仮説検証を続ける。
- 「稼げる人」は、世界のあらゆることにアンテナを張り巡らせて、「知りたい」という強い意欲を持っている。

おわりに
人生は、
あなたの芸術作品

僕は、本格的にビジネスを始めて1年くらい経ったある日、突然、やる気がなくなってしまったことがあります。

仕事はうまくいっていました。収入も順調に伸び、周りの評価も高かった。なのに、急にやる気が起こらなくなったのです。

「これは、ヤバイ」と冷や汗が出ました。先輩たちにも相談ができない。出口が見つからない。

そんな塞いだ心のまま、見事に作り上げた笑顔で講演をしたり、人に会ったりしていました。


「先生に会おう」というヒラメキがやって来て、新幹線に乗り込み、陸上部時代の恩師に相談に行ったんです。

恩師は監督として国から表彰を受けるほどの名物監督。

親身に僕の話を聞いてくれて、ひと言……。

「それはお前、**心のコップがいっぱいになったんだな**」

「？？？」

僕は狼狽するだけでした。

「お前は、『山﨑拓巳はスゴイ』と思われたかったんだよ。そして、そのコップがいっぱいになったんだ。満たされたんだな」

そして、恩師は続けて……。

「お前にとって、陸上競技は何だったのか？」

「わっ、わからないです」

僕は困惑。

「お前にとって陸上は『走る美学』だったんじゃないのか？　『芸術』であるなら終わりはない。今、オマエがやっていることが『仕事』なら終わりがある。**『芸術』ならば終わりはない**」

と語ってくださいました。

帰りの新幹線、僕はワクワクしていました。

陰鬱な世界から出たわけではなかったのですが、出口はわかった。

それからずっと、

「自分の仕事における美学は何か？　**芸術まで磨き上げるにはどうしたらいいのか？**」

と考え続けました。それは今も続いているのです。

「凄いと思われたい自分」から「本当に凄い自分になる」へ……21歳の冬でした。

こうやって、「思考を支える思考を思考すること」は人生を意味あるものにしてくれます。「好きだ」と思う自分で、「なぜ、好きだと思うのか?」を思考する。

思考を支える思考があなたの人生を創っています。

この本は「稼ぎ方」の本となりましたが、実は「生き方」の本でもあるのです。

「自分を磨くことで、いかに世の中に価値あるものを送り出すことができるのか?」を追求してほしいのです。

世の中がちょっと良くなって、世界がちょっと良くなることを始めましょう。

自分の人生を信頼し、目の前の現実を愛し、物事のカラクリを探る。
真理を追求する喜びと、明日を夢見る好奇心……。
目標を定めるとは、未来に予約を入れるということ。
心を決める恐怖心を超えて、奇跡と協力者に出会う。

あなたの人生の創造主はあなたです。

かつて、『ZCHAN』という作品（絵本）がありました。

Zちゃんは尖《とが》った帽子をかぶり、「幸せは遠くにある」と探し続けます。

ガールフレンドのローズちゃんはZちゃんの側にいながら、「幸せはこんな近くにあるのに」と困惑するばかり……。この作品は、裏側に存在する見えない世界、並行して存在する世界を描き出しています。

「稼ぐ」ことで幸せが手に入るわけではありません。**幸せになるための1つの要素としてお金が必要**なのです。

自分に対する評価を上げ、誰かの役に立ち（ギブ教育）、過去の呪縛から逃れ、未来のワクワクを先取りする。

この世はラボなのです。実験室なのです。ヒラメキがピッと来たらパッと行動する。

これを僕は「ピッパの法則」と呼んでいます。

こんな言葉があります。

「賢い人は、徹底的に楽天家である」

これは、スコットランド移民から一代で全米の鉄鋼王になり、アメリカンドリームを体現した、アンドリュー・カーネギーさんの言葉です。

楽しいことが起きたら、陽気でいることは誰にでもできますが、そうじゃないときでも、陽気で楽しく未来を捉える人であるならば楽天家と呼ばれることでしょう。

「徹底的」にそうあろうとすることが賢さならば、僕たちも見習って努力していきたいものです。

さっ！　どんなときも陽気に行こうじゃないですか！！！

著　者

追伸

『スゴイ！　話し方』に続き、『スゴイ！　稼ぎ方』を熱烈にサポートしてくださいました、かんき出版の大西啓之さん、本当にありがとうございます！

●参考文献（本文中で紹介したものを除く）

・『自分を超える法』（ピーター・セージ著　駒場美紀、相馬一進訳　ダイヤモンド社）
・『大富豪からの手紙』（本田健著　ダイヤモンド社）
・『LIFE SHIFT（ライフ・シフト）』（リンダ・グラットン、アンドリュー・スコット著　池村千秋訳　東洋経済新報社）
・『日本一の大投資家から教わった人生でもっとも大切なこと』（本田晃一著　フォレスト出版）
・『日本一幸せな大富豪　竹田和平さんが命をかけて教えた魂に火をつける5つの物語』（山本時嗣著　光文社）
・『なぜあの人が話すと納得してしまうのか？』（大森健巳著　きずな出版）
・『売れるまでの時間―残り39秒』（遠藤K.貴則著　きずな出版）
・『たった5つの感情でお客さまは動き出す!!』（佐々妙美著　Clover出版）
・『新装版 人助け起業』（ブレンドン・バーチャード著 山﨑拓巳監修　田村源二訳　ヒカルランド）

●参考にした講演・セミナー・エピソード（五十音順）

池田貴将さん、大嶋啓介さん、小田真嘉さん、佐藤富雄さん、ジェイ・エイブラハムさん、ジェームス・スキナーさん、高城剛さん、高橋歩さん、苫米地英人さん、中島薫さん、中谷彰宏さん、野田宜成さん、長谷川朋美さん、平本あきおさん、福島正伸さん、藤原和博さん、船井幸雄さん、本田健さん、本田晃一さん、四角大輔さん

＊参考にさせていただいたみなさまに、この場を借りて厚く御礼を申し上げます。

【著者紹介】

山﨑　拓巳（やまざき・たくみ）

◉――1965年三重県生まれ。広島大学教育学部中退。20歳で起業。22歳で「有限会社たく」を設立。以来30年間、多岐にわたり事業を同時進行に展開中。

◉――現在まで40冊以上を上梓し、累計140万部のベストセラー作家でもある。主な著書に、『さりげなく人を動かす スゴイ！ 話し方』（かんき出版）、『やる気のスイッチ！』『人生のプロジェクト』『気くばりのツボ』（いずれもサンクチュアリ出版）などがある。『やる気のスイッチ！』は、2010年夏に中国語に翻訳され、2011年には英語版『SHIFT』となり全米で発売。その他の著書も含めて、香港、台湾、韓国ほか、海外で広く翻訳出版されている。

◉――講演も大人気を博しており、「凄いことはアッサリ起きる」‐夢‐実現プロデューサーとして、コミュニケーション術、リーダーシップ論、メンタルマネジメントなど多ジャンルにわたり行い、世界でのべ200万人以上に向けてスピーチをしてきた。

◉――本書では、20歳で起業して大成功を収め、20種類以上の事業を立ち上げ、たくさんの人を育ててきた著者が、「お金を稼ぎ続けるノウハウ」を初めて公開する。

公式サイト：http://www.taku.gr.jp/
ブログ：http://www.taku-blog.jp/
Facebook：https://www.facebook.com/takumi.yamazaki

お金《かね》のポケットが増《ふ》える　スゴイ！ 稼《かせ》ぎ方《かた》　〈検印廃止〉

2018年６月11日　　第１刷発行

著　者――山﨑　拓巳
発行者――齊藤　龍男
発行所――株式会社かんき出版
東京都千代田区麴町4-1-4 西脇ビル　〒102-0083
電話　営業部：03(3262)8011㈹　編集部：03(3262)8012㈹
FAX　03(3234)4421　　振替　00100-2-62304
http://www.kanki-pub.co.jp/

印刷所――ベクトル印刷株式会社

　ISBN978-4-7612-7351-4 C0030